本书依托课题项目
1. "双循环"新发展格局下我国冰雪产业供需均衡策略研究（编号：jit-rcyrcyj-202101）
2. 后冬奥时代冰雪运动普惠中风险防御机制研究（编号：HB21TY023）

休闲体育产业发展与体育旅游产业构建研究

吴 畏　王 者 ◎ 著

吉林出版集团股份有限公司
全国百佳图书出版单位

图书在版编目（CIP）数据

休闲体育产业发展与体育旅游产业构建研究 / 吴畏，王者著 . -- 长春 : 吉林出版集团股份有限公司 , 2022.11
ISBN 978-7-5731-2821-8

Ⅰ.①休… Ⅱ.①吴… ②王… Ⅲ.①休闲体育－体育产业－产业发展－研究－中国②体育－旅游业发展－研究－中国 Ⅳ.① G812.4 ② F592.3

中国版本图书馆 CIP 数据核字（2022）第 233186 号

休闲体育产业发展与体育旅游产业构建研究
XIUXIAN TIYU CHANYE FAZHAN YU TIYU LÜYOU CHANYE GOUJIAN YANJIU

著　　者	吴　畏　王　者
责任编辑	蔡大东
封面设计	李　伟
开　　本	710mm×1000mm　　1/16
字　　数	210 千
印　　张	12
版　　次	2023 年 8 月第 1 版
印　　次	2023 年 8 月第 1 次印刷
印　　刷	天津和萱印刷有限公司

出　　版	吉林出版集团股份有限公司
发　　行	吉林出版集团股份有限公司
地　　址	吉林省长春市福祉大路 5788 号
邮　　编	130000
电　　话	0431-81629968
邮　　箱	11915286@qq.com
书　　号	ISBN 978-7-5731-2821-8
定　　价	72.00 元

版权所有　翻印必究

作者简介

吴畏 男，汉族，出生于1970年4月，河北昌黎人，毕业于南京体育学院，博士研究生学历，现就任于金陵科技学院体育部，博士生导师，教授职称，主要从事体育教育教学理论与实践研究和休闲体育与旅游产业融合发展研究。

王者 男，汉族，出生于1995年1月，福建省福清市人，毕业于英国拉夫堡大学，硕士研究生学位，现于北京体育大学体育休闲与旅游学院攻读博士学位，主要从事休闲体育旅游产业经济及国内外休闲体育旅游产业发展的比较研究。

前　言

休闲是一种时尚，也是人们生活中不可或缺的重要部分。随着经济的发展和工作制度的日益规范，人们的生活方式日渐改善，生活质量不断提高，人们有了休闲的物质基础和时间条件，休闲需求也逐渐增长。为此，社会提供了多种多样的休闲方式，其中休闲体育这一方式颇受人们欢迎。休闲体育是帮助人们提高生活品质、满足精神需求的有效手段。随着全民健身活动的宣传与推广，人们的运动热情日益高涨，普遍采取休闲体育活动的方式来参与到全民健身活动中。一个大众化的休闲时代正在向我们走来，一幅全民休闲的可喜图景正在展现。

随着人们的体育意识不断增强，以健身、观赏、竞赛、娱乐为目的的体育旅游活动悄然兴起，成为体育行业的亮点。体育旅游已成为当前旅游业发展的一个重要组成部分，在旅游市场中有着巨大的潜力。体育旅游代表了一种新兴的旅游产品，可以从许多新产品中衍生出来，世界上发达的国家和地区不断寻找体育产业与旅游经济发展相结合的市场需求。要发展体育旅游产业，就需要通过多种渠道和途径来推广各种营销策略，使体育旅游更加美好。中国的体育旅游产业有着巨大的发展空间和潜在市场，其发展应以中国特有的自然和文化条件为基础。

本书第一章为休闲体育基础概述，分别介绍了休闲体育概论、休闲体育文化和休闲体育与全民健身三部分内容；第二章为休闲体育产业的理论研究，分别介绍了休闲体育产业概述和休闲体育产业的经营与管理两部分内容；第三章为休闲体育产业的发展研究，主要介绍了休闲体育产业的发展现状和休闲体育产业的发展策略两部分内容；第四章为体育旅游产业的理论研究，分别介绍了体育旅游概述、体育旅游产业概述和体育旅游产业的发展现状与策略研究三部分内容；第五章为体育旅游产业的构建研究，分别介绍了体育旅游资源的开发与利用、体育旅游市场的营销与管理、体育旅游产业的集群化发展和体育旅游产业的竞争力分析四部分内容。

在撰写本书的过程中，作者得到了许多专家学者的帮助和指导，参考了大量的学术文献，在此表示真诚的感谢！本书内容系统全面，论述条理清晰、深入浅出。

限于作者水平有不足，加之时间仓促，本书难免存在一些疏漏，在此，恳请同行专家和读者朋友批评指正！

吴畏　王者
2022 年 9 月

目 录

第一章 休闲体育基础概述 ·· 1
 第一节 休闲体育概论 ·· 1
 第二节 休闲体育文化 ·· 18
 第三节 休闲体育与全民健身 ···································· 39

第二章 休闲体育产业的理论研究 ···································· 48
 第一节 休闲体育产业概述 ······································ 48
 第二节 休闲体育产业的经营与管理 ······························ 60

第三章 休闲体育产业的发展研究 ···································· 81
 第一节 休闲体育产业的发展现状 ································ 81
 第二节 休闲体育产业的发展策略 ································ 86

第四章 体育旅游产业的理论研究 ···································· 89
 第一节 体育旅游概述 ·· 89
 第二节 体育旅游产业概述 ······································ 108
 第三节 体育旅游产业的发展现状与策略研究 ······················ 123

第五章 体育旅游产业的构建研究 ……………………………………… 136
第一节 体育旅游资源的开发与利用 ………………………………… 136
第二节 体育旅游市场的营销与管理 ………………………………… 152
第三节 体育旅游产业的集群化发展 ………………………………… 162
第四节 体育旅游产业的竞争力分析 ………………………………… 169

参考文献 …………………………………………………………………… 181

第一章 休闲体育基础概述

现如今,休闲体育运动已经进入人们的生活,成为重要的文化活动之一。这主要是因为其所具备的健身、健心等多方面的价值可以给人们带来诸多益处。不仅如此,在得到更多的认可后,人们也更乐于为休闲体育消费,因此逐渐使休闲体育形成一项产业,甚至是一种文化。

本章讲述的是休闲体育基础概述,主要从以下三部分进行具体论述,分别为休闲体育概论、休闲体育文化和休闲体育与全民健身。

第一节 休闲体育概论

一、休闲体育的概念与内涵

(一)休闲体育的概念

体育活动有着多种属性,包括竞技、游戏、娱乐以及最根本的健身,经常进行体育活动,能够促进人们的身心健康发展,提高人体机能水平,体育活动所具有的这些属性和功能正是休闲活动所需要的,所以,体育慢慢成为人们休闲生活的一种主要方式。随着体育走进人们的闲暇生活,休闲体育逐渐成为体育运动中一个相对独立的领域。

从广义的角度来说,休闲体育就是以娱乐为目的的各种体育活动,它跟体育运动的其他领域有着对立统一的关系。竞技体育的目标是使人的运动能力得到最大限度的发掘,并不停地向人类的运动极限探索和挑战。但是,如果竞技体育中的一些项目能够用于休闲,那么我们也可以把这些体育项目称作休闲体育。从实质上来说,体育教育主要是为受教育者传授体育运动知识,培养其体育运动技能,使受教育者能够掌握一些体育训练方法,这些技术和方法会成为人们在休闲体育活动中的习惯，对人身体机能的发展大有益处。

大众体育是一种群体性体育活动，健身、娱乐和社会交往是其主要特征，它跟广义的休闲体育有着一定的相似之处，我们可以将休闲体育看作是大众体育的一部分。休闲体育与体育运动的其他领域有着外延的联系：当某种体育活动用于竞技时，便可以看作竞技体育；而当它用于娱乐休闲时，又可以看作休闲体育。由此可见，各种体育活动的类别和属性是根据其目标和发挥的作用来确定的。

但是，休闲体育作为一个相对独立的领域，跟其他体育运动有着一定的差异。根据休闲体育的目的和作用，从狭义的角度来说，这样界定其概念：人们在闲暇时间所进行的，主要以愉悦身心、强身健体为目的，同时又具有一定文化品位的体育活动。

（二）休闲体育的内涵

自从休闲活动开始流行，越来越多的人开始把体育活动当作主要的休闲方式，对于参与体育运动，有着很高的自觉性，但是，人们对来自西方的"Leisure sport"（休闲体育）这种用于休闲的体育活动的称谓仍然不能统一，甚至比较模糊。有余暇体育、运动休闲、娱乐体育、休闲体育等，具有代表性的释义如下：

第一，余暇体育并不是一种新的体育形式，之所以被称为余暇体育，取决于参与体育活动主体的活动时间。余暇体育是指人们在余暇时间内，出于娱乐、健身、宣泄等目的所进行的多种体育活动。

第二，运动休闲是指根据个人意愿和个人目标，在课余时间内主动参与的具有运动性质的活动，包括动态性体育活动和体能性体育活动。

第三，娱乐体育是一种具有较强娱乐性质的活动，是人们利用闲暇时间所进行的身体运动。娱乐体育不仅给人带来心理上的娱乐体验，并且能够锻炼人的身体，提升人的体质。所以，我们可以这样界定娱乐体育的概念：人们在闲暇时间进行的，以放松愉悦为目的的，使人在心理上得到满足的身体活动形式。娱乐体育最突出的特点就是活动内容有着较强的趣味性，并且活动的形式更加多样化。

第四，休闲体育就是在闲暇时间里，通过各种方法和手段进行身体锻炼或开展多种形式的身体娱乐活动，人们现已将其当作一种现代文明社会的交际方式。

在界定休闲体育的概念时，不仅要充分结合休闲的内涵，还要体现体育的价值特征，我们可以进行如下表述：

首先，休闲体育强调自主性，应该是个人在闲暇时间自主选择、自由支配的活动。从性质上来讲，休闲体育跟竞技体育强制性的专项训练是不同的，跟体育教育规定性的活动课程也是存在较大差异的。休闲体育完全是个人出于自身的兴趣和需要、自主选择活动方式与内容、自主确定活动强度、以个人为主体的活动。其次，休闲体育的目标是借助多样化的体育运动强身健体、愉悦心情，满足个人身心发展的需求。对于休闲体育来说，健身是其基础，娱乐是其核心。西方发达国家用于表述休闲体育的词语有"休闲"（Leisure）、"休闲娱乐"（Entertainment）等。由此可见，休闲体育的主要目标应该是娱乐。再次，休闲体育跟一般性的体育健身活动是不一样的，它具有鲜明的挑战性、刺激性、趣味性和艺术表现性。在进行休闲体育活动的过程中，人们尽情地展示自己的个性与能力，得到身心的愉悦。最后，休闲体育是一种具有一定科学技术含量和文化品位的社会文化活动。所有新颖的休闲体育项目的产生，都是以科学为前提的，采用了新技术、新器材和新方法。所以，这些新的项目往往被看作高雅、高品位的体育活动，这在很大程度上扩充了体育文化活动的内容。

二、休闲体育的特征

休闲体育并不是说这类体育活动跟其他体育活动在动作方式上存在区别，而是说这类体育活动更强调"休闲"这一性质，有着文化娱乐的意义，从而使得这类体育活动演变成一种富有情趣的生活方式。因此，休闲体育有着以下特征：

（一）自然性

人的生活活动分为内部活动和外部活动，其中，内部活动指的是生理、生化活动，也就是物质与能量不断转化和消耗的过程。无论我们个人的意愿如何，这一过程总是在我们身体里进行着。要想维持我们的生命，一方面就要不断促使能量消耗过程进行；另一方面还要不断与外界进行物质交换，从而补充已经消耗的能量。而这两方面的活动都必须依赖有机体的外部活动。如果我们能理解这一点，就会清楚，人为什么要选择涉及大量身体运动的娱乐方式，这体现的正是休闲体育的自然性特征。

（二）参与性

休闲体育有着较强的实践性，人们只有参与其中，才能在活动中得到真实的体验和感受。没有自身的参与，就无法得到那种所期望的感受，也不能完整地表达自己。有人把观看体育竞赛和体育表演也纳入休闲体育的范畴，并把休闲体育分成两个类别，一个是参与型休闲体育，一个是观赏型休闲体育。一般认为，观看或者观赏的方式属于文化性休闲的范畴，不能归纳到休闲体育的范畴内，因为这种方式无论怎么看都与文艺表演（如杂技、大型综合性演出等）没有多大的区别，尽管这些现代文艺演出中经常有演员与观众之间的互动，但我们始终不能认定这是观众在演出。因此，休闲体育应该是参与性的，是活动者亲身实践的过程，是通过非正式的、自发的体育活动追求身体放松和舒服。实际上，休闲体育所具有的各种功能，都必须在活动过程中才能得到体现。

（三）流行性

流行性指的是某事物的传播范围很广，并且有着较大的影响力，甚至成为一种时尚，可以说流行是时尚的结果。在现代社会，经济快速发展，人类文明不断进步，人们已经不再仅仅追求物质生活的满足，开始追求高品质的精神生活。在这样的背景下，休闲活动成为人们生活的重要组成部分，而在各种各样的休闲活动中，体育休闲活动因其特有的优势成为人们的第一选择。在现代社会，人们有着空前的创造力，不断创造出新的体育休闲活动项目，并借助互联网技术在很短的时间内就能被广泛地传播到世界各地，并慢慢成为国际性活动项目，奥林匹克运动会项目不断增加，就是体育的流行性的典型表现。

休闲体育的流行性主要从其活动项目的迅速风靡于世，而后又悄然消失中表现出来。一种新的体育活动诞生后，往往在很短的时间内就能在某一个地方流行起来，成为人人争相学习和参与的活动，但是，跟其他具有流行性的事物一样，一种体育活动可能风靡一时后，又很快地销声匿迹，取而代之的是另一个让人们愉悦接受的新体育项目。

实际上，休闲体育所具有的流行性特征，是人的自由时间和人性特点所决定的。在人们拥有一定的自由时间之后，如何支配这些时间就成了一个重要的问题。体育活动既有利于身心，又有助于打发时间，自然会成为人们主要的选择。然而人们对活动的选择又是相互影响的，体育项目的流行机制之一就是相互影响作用。从另一个角度来说，人们基本上都有求新求异的观念，这使他们在一段时间之后，就会抛弃旧活动，追求新活动，从而得到更新鲜的活动体验，这是一个体育项目很快地流行起来而后又逐渐消失的原因。当然，周而复始也是社会事物发展的一种具有规律性的特征，休闲体育也是一样，可能过了一段时间后，一个在很久之前流行过但又很快消失的体育项目却第二次流行起来，并被另外一代人热烈追捧。

（四）时代性

休闲体育一般是在一定的历史阶段、一定的文化背景下产生并发展起来的。在不同的时代背景下，有着不同的物质文明和精神文明，因此，会产生不一样的休闲活动方式，体育休闲活动正是应时代要求得到发展和进步的。

考察历史的发展进程可以发现，无论在什么样的时代，体育活动总是可能现身于社会中，成为民众乐于接受和参与的休闲活动方式。

即使在欧洲的中世纪（5世纪—15世纪）神权统治下，也很难泯灭和抑制民众追求身体游戏的需要，儿童少年则始终是游戏的先锋，他们将武士之间的打斗也当成娱乐的活动。当然，休闲体育活动是社会文明的一种表现形式，一般来说，休闲体育活动跟社会科技发展水平有着紧密的联系。了解休闲体育的发展历程，我们可以看到，21世纪流行的休闲体育活动跟20世纪相比较发生了很大的变化，今天我们所看到或参与的休闲体育活动，往往融合了科学技术和材料革命等重要元素，而在过去，休闲体育活动往往更倾向于身体的自然活动，如当时流行的户外运动。

（五）时尚性

德国著名的哲学家、社会学家齐美尔认为，时尚一方面满足人们依靠社会的需求；另一方面，满足着人们的区别的需求。也就是说，满足人追求个性、追求独树一帜的内心需求。因此，在他看来，时尚实际上是一种阶级分化的产物，整体来说，只有具有较高等级的社会群体才能接触时尚，较低等级的群体跟时尚是隔绝的。

在社会经济快速发展且文明程度越来越高的现代社会，参与休闲体育已经成为一种新的社会时尚。一方面，人们通过参与体育休闲活动来证明自己与某个社会阶层是平等的；另一方面，人们借此说明自己与另外某个阶层之间是不同的。

所以，时尚性是休闲体育的一种比较典型的特征。

按照舍勒贝格的理论分析，参与休闲体育活动的人们和休闲体育本身完全具有现代时尚的几个重要的双重性特征。如休闲体育并不在乎物质的和实际的东西，但又始终离不开那些具体的东西，人们对待休闲体育的态度也包括了积极参与和完全无所谓两种对立的情绪；人们总是想逃避责任，却在休闲体育中不得不承担责任等。人们参与休闲体育活动时的动机、目的、心态、情感等通常处在舍勒贝格所表述的时尚的双重性之中。如人们在进行体育活动时，总是要遵守活动的规则和方式，但在从事休闲体育活动时，却不愿意遵守活动规则和一些规范，因为这些东西多少形成了一种文化性的压力，而休闲活动恰恰是力图摆脱各种外在的压力。

（六）自发性

休闲体育强调自发性，也就是说休闲体育是人们在闲暇时间内，自发进行或参与的一种主体活动。人们参与休闲体育活动，完全是出于自己真正的需求，并没有受到任何强制。主体自愿、主动参与活动不仅能够直接满足主体的内心需求，而且这种良好的情绪体验会促使更多人来参与这项活动，并形成"需要—满足—更大需要—更大满足"持续不断的良性循环。自发性是自觉意识的体现，特别是在社会高度发展的当今时代，休闲已经不只是劳动之余的休息和放松。随着自由时间的增加，休闲已经成为每个人的生活权利，成为个人生活的组成部分。现代人有充分的自由意识，人们对自由时间的支配权就在休闲活动中体现出来。

（七）层次性

层次性是休闲体育的一个重要特征，它包含三个方面的内容，分别是：活动人群的年龄层次，活动内容的难易层次，活动方式的经济消费水平层次。这三种层次的划分有着十分重要的社会意义，表现了休闲体育研究的不同视角和内容。从一般意义上讲，不同年龄段的人，其内心需求和兴趣爱好是不一样的，这直接影响人们对体育休闲方式的选择。一般儿童和青少年热衷于一些比较新奇的个人活动，如滑板、轮滑、小轮自行车等；青年人则爱好有一定挑战性和对抗性的活动，如足球、篮球、网球等；而中年人更看重活动的品位；老年人更喜欢参与互动性较强的活动。一般情况下，对于体育休闲活动分层来说，年龄因素起着最为主要的决定作用。内容的难度是完成活动所要求的技术标准高低问题，这是一些人选择体育休闲活动方式的依据。人们主要是根据对自己运动能力的评估来选择休闲体育内容的，一些运动能力较强的人，会选择动作难度较高的项目；而运动能力较弱的人，会选择那些运动难度较低的项目。

活动方式的经济消费水平这一分层有着明显的社会性特征，与个人的社会地位和阶层有着十分紧密的关联。一些体育休闲活动方式明显地属于高消费，参与者通常需拥有相当的财力，带有炫耀性消费的特征；而另一些体育休闲活动方式则可能对个人经济情况有一定的要求，既能显示个人身份，也能表现个人的运动能力；一些人更愿意选择那些不需要多少开销就能开心愉快地活动的项目，他们没有更多的钱花在休闲活动中，因此，也不在乎自己参与的活动被人家视为哪个层次。

许多形式的消费，在刚开始时奢侈，随着社会的发展，这些形式慢慢大众化，逐渐成为必要消费的一部分。休闲体育同样也是这样的一种演化趋势，许多项目在开始时总是少数人（通常是社会有钱且有闲阶层）参与的活动，在这样的情况下，这些项目或活动完全成为个人身份的标志。至少在一定时期中，这样的项目或者活动通常是一定社会阶层特属的，具有炫耀性消费的特征。如保龄球，早期在中国几乎是白领的运动，能否玩得起首先取决于是否具有一定的经济实力。因此，在这段时期，保龄球成为一种区分社会阶层的活动。随着国内保龄球馆的增多，价格的大幅度下调，这种活动开始大众化，其原先所具有的社会区分作用也就在大众化的过程中逐渐丧失，成为一般性的休闲活动。

除此之外，休闲体育还有个体选择性、竞赛性不强、以有氧运动为主以及自主性、高度娱乐性、锻炼效果实效性、很强的社会性等特征。而休闲体育最大的特点就是活动主体有着较强的自主性，且活动内容多样化，活动内容丰富、自由度大、随意性强、趣味性高、参与面广。

休闲体育强调"休闲"二字，是在人们工作或学习之余进行的。休闲体育作为人们闲暇生活的重要组成部分，可以借助各种各样的形式，通过身体活动，在一种和谐、欢快的氛围中，实现强身健体、愉悦心情、陶冶情操等目标。休闲体育既不同于身体教育，也与竞技体育有本质的区别。从当前世界发展趋势来看，休闲体育作为现代体育发展的重要标志，从普及程度和开展规模来看，跟竞技体育基本持平，并且很有可能成为一股新的、强大的体育力量。

休闲体育作为一种健康、科学的闲暇生活方式，一方面，有助于人们强身健体，有助于人格的完善，能够陶冶人的情操，培养人们积极向上的生活态度；另一方面，休闲体育能够使人们的文化生活更加充实，培养人们良好的生活习惯，提升人们的生活质量。

三、休闲体育的类型

我们不能将休闲体育理解为某一类具体的项目，而是要将它理解成体育在社会上存在的一种特殊形态，只有这样我们才能认识休闲体育的内涵。因此，休闲体育包含了各种各样的体育项目和活动，它的分类方法也较多。

（一）按身体能力分类

竞技体育运动项目可以分为两类，分别是体能竞技运动和技能竞技运动，这是根据运动员完成训练或比赛所需要的主要能力来进行划分的。有很多休闲体育娱乐活动就是从竞技运动项目中衍生发展而来的，它有着跟竞技运动一样的属性，所以，我们可以将休闲体育娱乐活动按照其所需的主要身体能力进行类别划分。

1. 体能类运动

在展现人类体能和适应环境能力过程中达到休闲目的，可分为以下几类：

（1）耐力型运动

这类运动主要是让参与者体验长时间跟自然环境融为一体的超常感觉，从而锻炼人体对各种超常环境的适应能力。比如远足、长距离自行车旅行、划船、登山等，都属于耐力型运动。

（2）速度型运动

这类运动主要是让参与者体验在超常规速度运动中的愉悦感，并感受特殊速度下的情感和生理刺激，比如骑摩托车、开摩托艇、高山速降滑雪、蹦极等，都属于速度型运动。

2. 技能类运动

在展现人类掌握和运用各种技能过程中达到休闲目的，可分为以下几类：

（1）对抗型运动

对抗型运动包含以下三种：第一，隔网对抗型运动，即在运动场地上设置拦网，参与运动的双方分别站于拦网两侧，进行隔网对抗，比如网式足球、羽毛球等。

第二，同场对抗型运动，即参与运动的双方在同一场地中进行竞争，双方的目的都是将球投入或者射入特定的区域，如室内足球、高尔夫、桌球等。

第三，格斗对抗型运动，即参与运动的双方以对方身体作为进攻对象，进行双人格斗，如拳击、太极推手、跆拳道等。

（2）表现型运动

表现型运动包含以下两种：第一，准确型运动，即在运动中，参与者需要准确击中目标，展现自己掌握精确技术的能力，如射击、弹弓等。

第二，难美型运动，即参与运动者通过一些高难度的动作，来展现人体美、运动美，比如跳水、花样游泳、冰上舞蹈、健美操等。

（二）按身体状态分类

国内有学者按参与者的身体状态把活动分为观赏性、相对安静状态和运动性三类。

1. 观赏性活动

观赏性活动主要是指观赏各种体育竞赛或者体育表演，在观赏过程中，根据运动员的发挥情况，表现出赞赏、失望、激动、愤怒等情绪，从而释放内心的压力，并学习一些体育知识和运动技能。

2. 相对安静状态活动

相对安静状态活动主要指参与者身体活动较少、脑力支出较大的棋牌类休闲活动。进行棋牌活动可以使参与者形成配合默契、心领神会，体现智勇双全、胸怀全局的心理素质和心理特征。而且为适应棋牌用时较长的特点，参与者需要经常锻炼，保持良好状态。因此，棋牌等相对安静的活动既能健脑，又能健体。

3. 运动性活动

（1）眩晕类活动

通过一些特殊的运动设备，使参与者得到空间运动的体验，感受生理和心理上的极限刺激，比如坐过山车、蹦极等。

（2）命中类运动

参与运动者利用自身的技巧，借助特定机械来击中目标，比如射击、射箭等。

（3）冒险类运动

这是属于对自然的挑战性活动，人们通过参与漂流、探险等活动来得到不一样的体验，比如飞越黄河、横渡海峡等。

（4）户外类运动

这是指人们回归自然的各种休闲活动，比如登山、野营、攀岩等。

（5）技巧类运动

这是参与运动的人们将自身运动能力和特定设备巧妙结合起来，从而展示高度技巧的一种运动，比如花样滑板、轮滑等。

（6）游戏竞赛类运动

游戏竞赛类运动就是将竞技项目游戏化后形成的竞赛活动，比如沙滩排球、街头三人篮球等。

（7）水上、冰雪类运动

主要包括游泳、跳水、滑水、滑雪、雪橇和滑冰等。

（三）按计分方法分类

休闲娱乐的主要目的是愉悦身心，而获胜是愉悦身心的主要方法之一，因此可依据记录获胜的方法对体育休闲娱乐活动进行分类。

1. 命中类运动

该运动以击中特定区域或目标来判断胜负，如三人制篮球、室内足球、射击、射箭等。

2. 得分类运动

以既定回合得分决定胜负的运动，如沙滩排球、软式网球、羽毛球、乒乓球等。

3. 评分类运动

以参与者动作表演性、难美性、技巧性等得分决定胜负的运动，如高空跳伞、花样游泳、滑水、健美操等。

4. 测量类运动

以高度、远度或通过规定距离所需时间的测量决定胜负的运动，如速度滑冰、卡丁车、摩托车、摩托艇、高山速降滑雪、冰橇等。

5. 制胜类运动

以参与者的绝对获胜或在无法决定绝对获胜条件下的评分决定胜负的运动，如拳击、柔道、太极推手、跆拳道等。

（四）按动力源分类

按休闲活动过程中人和器械运动所获得主要动力源把休闲运动分为以下四类：

1. 动力类运动

人和器械进行运动主要依靠动力进行的，如摩托车、卡丁车、高空弹射、摩托艇、动力滑翔伞等。

2. 无动力类运动

人和器械进行运动主要依靠人力进行，如远足、登山、跑步、大部分球类项目、滑冰、越野滑雪、健美操、有氧操等。

3. 自然类运动

人和器械进行运动主要依靠自然力进行的，如蹦极、悬崖跳水、风筝等。

4. 半自然类运动

人和器械进行运动主要依靠自然和人力的结合进行，如高山速降滑雪、高台跳雪、滑翔机、滑翔伞、高空跳伞、过山车、漂流等。

（五）按季节、场所分类

依据国际奥委会对奥运项目的一级分类标准，所有休闲项目首先也都可以分为冬季项目和夏季项目两类，然后根据项目适合开展的场所进行二级分类：冬季室内、室外和夏季室内、室外，然后再按其他分类标准进一步分类。

（六）按动机和目的分类

按照参与休闲体育活动的动机和目的还可分为健身、娱乐、竞技、放松、消遣、社交、探新寻奇和寻求刺激等活动。

四、休闲体育的价值

(一) 文化价值

1. 推动社会经济的发展

在体育休闲活动中,其文化价值起着关键性的作用。一方面,休闲体育的文化价值能够将休闲体育所具有的娱乐、健身、休闲等作用充分呈现出来,使人们了解休闲体育在提高人们生活质量方面的重要意义,这种文化观念上的改变,能够促使人们改变传统体育意识,进而引导人们参与休闲体育,并为此消费,这有效推动了体育竞技的发展。另一方面,休闲体育凭借休闲和教育的文化价值以及自身所具备的艺术价值,对广大民众产生强烈的吸引力,促使广大民众积极参加体育休闲活动。通过休闲体育文化价值的吸引,能够让那些对休闲体育文化有同样价值观的人们对一些具体的休闲体育项目产生认同感,并形成共同的休闲体育消费倾向,这使休闲体育及其相关产品的市场份额有效扩大,从而逐渐形成规模经济,同时也能开拓体育产业市场,促进社会经济的进一步发展。

2. 推动社会文明的进步

休闲体育是一种多元文化的集合,是在一定时代和文化背景下的具体实践活动。休闲体育能够体现某时代背景下一个民族的文化价值观,也能体现世界各个民族之间文化的融汇,并且能够促进世界文化的交流。休闲体育活动的目的是让人们通过亲身参与获得实践体验价值,在活动过程中,人们可以释放压力,发泄自己的感情,并交流自己的想法。在休闲体育中,人们丰富多彩的表现,实际上就是不同思想和不同文化交流碰撞的一种表现。所以,我们可以把休闲体育活动看成一个舞台,借助这个舞台体现出人们的精神内涵。并且在共同参与休闲体育活动的过程中,人们的思想文化修养可以相互影响,促使人们相互学习,不断取长补短,从而得到自身文化修养的提升,这对社会文明进步有着非常重要的价值。

(二) 经济价值

1. 为国家建设积累资金

跟其他第三产业的部门一样,休闲体育也能够提升货币的回笼速度,并增加货币回笼的数量,进而达到防止通货膨胀、稳定市场、积累建设资金的目的。市场经济的任何经济活动都必须借助于货币媒介来完成交换，在纸币流通的情况下，货币的投放与回笼有一定的比例。如果货币投放太多，回笼太少，这就说明市场上流通的货币的总面值超过了市场上商品的总价值，这就会导致货币贬值、通货膨胀现象出现。为此需要在发展生产的同时，采取积极措施扩大消费，拓宽货币回笼渠道，更好地满足货币流通规律的要求。休闲体育经济活动回笼货币主要通过两种途径：一是通过参与者直接参加休闲体育活动来进行消费，同时也通过提供相关的指导、咨询和服务而获取货币收入；二是进行休闲体育活动需相关的配套设备，这些设备的出售或出租，在满足了消费者需要的同时也回笼了货币，此外盈利者缴纳税收金也为国家积累了建设资金。

2. 为人们提供更多就业机会

从经济的角度看，所谓就业，就是指在一定的社会经济条件下，劳动者参与生产经营活动或者参与非经营性工作，从而获得报酬。从实质上来讲，就业是人们以特定的方式参与社会劳动，从而满足自身物质和精神需求的机会。任何人在社会中，都要面临就业问题，这一问题如果得不到妥善解决，那么就会影响到其生存发展，甚至会威胁社会的和谐稳定。而针对就业问题，休闲体育可以发挥不小的作用。休闲体育是一种兼具生产性和服务性的综合性产业部门，它的发展能够带动为休闲体育业提供服务的各个行业的发展，所以说，休闲体育业能够给社会创造很多就业机会。

3. 改善国民经济产业结构

第三产业的迅速崛起是生产力发展的必然，也是社会发展的标志。一个国家经济越发达，第三产业在国民经济中所占比重就越大。休闲体育业是典型的第三产业，它能促进其他相关产业的发展，在优化产业结构方面起着积极作用。

（三）生理价值

1. 减少疾病发生

随着现代化进程的加快，人类开始从繁重的体力劳动中解脱出来。但是，这也导致人们在日常生活中运动量不足，进而产生各种"文明病"，这对人类身心健康造成了很大的威胁。相关研究表明，长时间坚持休闲体育运动，可以增加血胆固醇的含量。人体血液中的高密度脂蛋白胆固醇能把沉积在动脉壁上的胆固醇

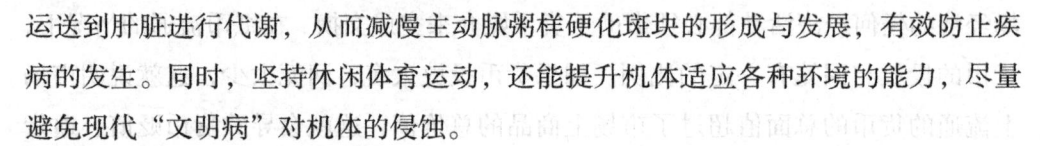

运送到肝脏进行代谢，从而减慢主动脉粥样硬化斑块的形成与发展，有效防止疾病的发生。同时，坚持休闲体育运动，还能提升机体适应各种环境的能力，尽量避免现代"文明病"对机体的侵蚀。

2. 延缓衰老

合理地进行休闲体育活动，有助于保持身体健康并延缓衰老。随着年龄的增长，人体各器官逐渐老化，特别是人至中年以后，各种疾病就开始显现出来。有学者对长期参加休闲运动的中老年人展开调查研究，发现这类群体的发病率很低，心肺退行性变化推迟10～20年。如果人们能够坚持参与休闲体育运动，比如坚持适宜的长跑，那么就有助于心肺功能的改善，增强肌肉力量，促进骨质钙化，并能使人呈现出更好的精神状态。

3. 增强脑力活化性能

长时间坚持参加体育休闲活动，可以刺激和按摩机体的相关器官，有助于改善神经系统，促进血液循环，并改善大脑的状况，促进脑细胞代谢，从而增强脑力活化性能。

4. 提高机体免疫功能

人体的免疫功能分为两大类，分别是非特异性免疫和特异性免疫。在人体的生理系统中，免疫系统起着非常重要的作用，分别是生理防御、自身稳定、免疫监视。生理防御是指识别外来的病毒、细菌、真菌等致病因素，并对其进行消灭；自身稳定是指保持机体内环境的稳定和个体特异性。

免疫功能对人体质的强弱、抵抗疾病能力的大小，以及恶性肿瘤诱发的概率有着重要的影响。长期参与适宜的体育休闲活动，不仅能让人得到身心的愉悦，而且还有助于增强机体的免疫功能。

（四）社会心理价值

1. 养成积极良好的社会态度

经常进行适宜的休闲体育运动，有助于提升人们的认知能力和情绪智力。人的认知活动主要是依靠大脑高级神经中枢进行的，而积极参与休闲体育运动。可以舒缓疲劳的神经细胞，让大脑得到放松，并且有助于促进神经系统的代谢，提高其活动能力，从而让大脑更加健康。人的情绪智力包括情绪认识和情绪管理的能力，还包括自我激励、认识他人情绪以及管理人际关系的能力。在进行休闲体育运动的过程中，人们可以获得丰富的情绪体验，这有助于人们提升自身的情绪认识和控制能力，并且能够准确认识和判断他人情绪，进而帮助人们建立和谐的人际关系。当个体的认知能力和情绪智力得到提升后，就能够形成自我意识，进而提升个体的社会认知能力，促进个体积极良好社会态度的形成。

2. 构建积极良好的人际交往

在进行休闲体育运动的过程中，人们之间会有更多接触、交流的机会，使人们的人际交往范围得以扩大。在活动过程中，那些具有某些相似特征的人们会互相吸引，进而建立友好的关系。在现实生活中，人与人之间交往需要互相沟通思想、交流感情，但往往由于某些障碍的存在，比如社会地位、文化水平、组织结构等差异，使人际沟通变得十分困难。而在休闲体育互动中，参与者之间在职业、文化水平、年龄和社会地位之间的差别就不复存在，人们之间的沟通障碍被清除，从而使人们之间的情感联系更为紧密。在休闲体育活动中，人们能够互相交流思想和情感，并且运动的过程中能够得到他人的帮助和协作，这有助于人们形成积极的情绪态度，培养人们的协作意识，从而帮助人们构建良好的人际关系。

3. 增强团队意识，推动社会文明进步

在休闲体育活动中，一些有着共同兴趣和需要的人们聚集在一起，构成了一个相互依赖的群体。在活动进行中，他们会自然而然地遵守一定的行为准则，这种行为准则对成员的行为有一定的约束作用，能够促使成员的行为符合规范，使其形成自律意识，从而使得个人和群体的道德水平得到提升，并强化团队的纪律观念和团队意识。在现实生活中，人们渴求有一个安稳的归宿，渴求得到他人的关爱，而在休闲体育活动中，兴趣相投的人们能够组成一个群体，从而满足个体的归宿需要，同时又能促使个体提升自身的道德修养。在休闲体育活动中，个体能够感受到公平和民主，个体之间能够互相信任和依赖，从而构建良好的社会氛围，这对社会主义精神文明的建设有着重要的意义。

五、休闲体育发展的现实困境

（一）闲暇时间管理的失序

对于保证劳动力再生产而言，劳动之外的闲暇时间有着十分重要的作用，并且闲暇时间也是人们生活的重要组成部分。随着科技的发展，社会生产力大大提升，人们有着越来越多的闲暇时间。我国公民普遍享有国家法定节假日全年共114天，而国家公务员以及外资企业管理人员享有的"带薪休假"制度、学生和教育行业的寒暑假制度，农村机械化的实施使得农民生产效率大幅提高，导致闲暇时间增多，国家产业结构调整导致待业和失业增多，退休人员赋闲在家，年轻人对"弹性时间工作制"的选择……诸如此类的社会变革，已经让闲暇时间成为每个人自我发展的基本保障，同时也是衡量一个社会文明程度和人民生活质量的重要标准。在21世纪，我们迎来了知识经济时代，这将使社会发生更加剧烈的变化。休闲是人们生活的重要组成部分，它将产生两个重要变化，一是科技的发展改变了人们的生活方式，提高了人们的工作效率，与此同时，人们将得到更多的闲暇时间；二是在经济全球化的浪潮下，各国之间文化交流愈加频繁，在这样的背景下，人们对闲暇时间的需求、休闲价值观以及休闲方式都在发生着变化。所以，科学、合理地支配闲暇时间，将成为一种新的生活方式，也将成为一种新的价值观。

（二）休闲体育与群众体育的抗争

运动是体育的目的，也是体育的手段，将运动看作维持人生命活力的稳定内容，这是我们应当具备的积极的体育态度。因此，在中华人民共和国成立之初，我国就提出了"发展体育运动增强人民体质""锻炼身体保卫祖国""锻炼身体建设祖国"的口号，为了提升人民的身体素质，保证民族强盛发展，我国政府加强了群众健身教育。在这样的背景下，我国民众对体育越来越重视，这一点从广播体操在各行业中的普及便可以得到验证。相应地，我国国民体质普遍得到提升，国民健康水平也大大改善，这无疑是当时政府开展群众体育活动得到的最好成绩。

进入21世纪后，国与国之间在各方面的交流日益频繁，国际体育思潮涌向我国，带来了各种各样的体育新潮流，比如：阳光体育、全民体育、休闲体育……对于普通民众来说，他们的生活需要体育，这是出于提升身体素质的考虑，同时他们也需要休闲，这是出于满足内心需求的考虑。但是，体育只是他们锻炼身体或者游戏娱乐的一种手段，当他们在闲暇时间内，拿起乒乓球拍或羽毛球拍去参与自己喜爱的运动时，却发现场馆数量不足，不能满足自己的需求，而在全国各地，高尔夫球场却一个接一个地开发，人们把高尔夫运动当成一种时尚，但是只有富人才能去追逐这种时尚。造成这一矛盾的重要原因就是体育消费的社会分层，在普通民众看来，那些有身份、有地位、有财富的人所进行的高消费体育项目，才是真正的休闲体育。表面上看，休闲体育有着美好的愿景，是人人都能参与的，但现实中，休闲体育不过是学术研究的一个热点，跟普通民众有着一定的距离。目前，我国体育人口比例不到40%，而且国民健康水平比较落后，在这样的形势下，我们必须真正发挥体育的功能，让体育真正走进人们的生活。

（三）惩戒、规劝的体育

人们要想提升身体素质，保持身体健康，采取的最主要手段就是进行体育运动，人们也就自然而然地成为体育改造的对象，所以说身体是一个社会文化与生物有机体的共筑产物。时间、空间以及各种力量的交加、互相牵制，都影响着身体的发展。纵观中国历史，那些由政府发动的自强运动，变法、教育改革运动以及民间知识分子发动的爱国主义运动和公民运动等，都和身体的打造或再造有密切联系，那些以爱国主义为名义的各种学生运动，也都对近代身体的形塑和使命化产生一定的强化作用。体育属于一种社会文化活动，对促进人们全面发展有着重要作用。体育主要是通过跑、跳、球类等身体活动来对人的身体进行完善，在身体活动的过程中，人们的勇敢、坚韧等精神品质也会得到提升，正因如此，体育成为学校培养"三好学生"、社会培养"五好公民"的重要举措。

目前，全球通行的教育制度就是班级授课制，根据学生的年龄、性别、性格、能力等方面的差异对学生进行管理，目的是将学生培养成社会需要的人才。因此，无论处在哪一种社会环境之中，受教育者身体的发展和道德素养的形成都被当时的政治、文化进行了相应的规范，学校教育提供了一个十分制度化与常规化的场域，让身体在时间与空间上都受到严格管制的情况下，经受一系列的模塑与调教。体育是教育的重要组成元素，也成为规劝受教育者的一个工具。教育者按照统一的教学内容和进度进行授课，并且对受教育者提出了具体的要求，比如课前集合时要做到快、静、齐；在上课过程中，要按照教育者提出的要求和规则进行练习；在每堂课结束后，还要进行相应的放松活动。此外，教育部门还制定了各种考核标准，定期检查受教育者的体质健康情况。这样的体育形式不仅存在于学校教育中，也广泛存在于社会中，比如军事体育、残疾人体育等。人正是在对自我的索取和被外在事物所规劝的过程中完成一个又一个的目标的，而这一过程也正是对人自身予以无声"惩戒"的过程,这一做法与休闲体育的内涵及宗旨显然是不相符的。所以说,尽管休闲体育具有一定的普适性特征,但是它并不适用于所有人,就比如在学生群体中,休闲体育的开展必定会受到很多限制。

第二节 休闲体育文化

一、休闲体育文化的概念及内涵

(一)休闲体育文化的概念

文化的定义范畴复杂且广泛,休闲文化及其外延、体育文化及其外延,休闲体育文化及其外延都被包含其中。根据逻辑要求,对休闲体育文化进行如下定义:休闲体育文化是人们通过体育运动的方式,在这一过程中创造和共享的关于这种社会文明实践的物质实体、价值观、态度和行为以及制度规范的总和。

通过对休闲体育文化概念的分析可知,首先是把休闲体育看作一种社会文化现象,是体育文化和休闲文化二者的结合现象,是体育文化和休闲文化延伸而来的一种表现方式,因此休闲体育文化的建构内容也必须遵循一般文化的基本结构,即包含物质实体、价值观念、制度规范和行为方式等元素,这些元素间的协调结合,形成了具有特定内涵的休闲体育文化。

(二)休闲体育文化的内涵

1.休闲体育文化的几个层面

从层次的角度来说,休闲体育文化属于文化范畴中的一个微观层次,因此休闲体育文化必然包含文化结构相似的层面,以下是几个层面包含的主要内容:

第一,在物质层面,休闲体育文化包含着丰富的物质实体,比如体育活动的场地、设施、器材等;还包括根据体育需求所改造的天然物体,比如体育馆、球拍、球台;以及专业场地,如滑雪场、游泳池、高尔夫球场等。

体育是人类运动本能、社会变革和文明发展的历史精粹产物,是人类文明和文化形态在物化生活中的完美体现,通过体育运动的形式,人们可以优化利用自然资源和人造资源实现对有机体的改造和升华,在体育运动的参与过程中,人们享受物质文化（体育环境、体育场馆和设备）。同时，不断创造新的物态文化，满足人类文明的发展需求。

第二，在价值层面上，休闲体育文化应同时包含人们对体育和休闲二者的观念，对休闲体育运动的看法以及对休闲体育运动价值的认识。通过人们在日常生活中参与休闲体育运动的情况，就可以基本判断出人们对休闲体育运动的态度，从而反映出人们对体育的内涵、价值和功能的理解。同时，也能正面反映出人们的休闲生活观念，是倾向于娱乐健康还是消遣打发等观念。在休闲体育运动的参与中，不但可以帮助人们正面认识体育运动，树立健康的终身体育习惯，而且利于体育价值体系的建构、创新和改革，挖掘体育所涵盖的更多内涵，从而在现代社会中创造更大的价值。

第三，在制度体系方面，休闲体育文化的制度规范具有其独特的显著特征。首先，一个国家休闲体育的开展状况侧面反映出人们对闲暇时间的支配能力，也能体现出社会劳动生产制度和社会的发展水平，以及社会制度对人们行为的规范。其次，体育法规是由国家部门颁布的对休闲体育活动约束的最具有权威性的法律准则，是每个公民所享有的公平公正权利。再次，为了尽量做到公平公正，使每个公民都能享受到同等的体育待遇，或者说体育参与者可以共同活动，那么每一项体育活动项目都必须建立一套活动方针和规则，这种运动准则的规范要求同时也是对参与者的体育行为规范，尽管体育运动项目中的行为准则不如法律严格、权威，但是对于公民来说，遵守一定的规则是开展休闲体育游戏的重要前提。最后，体育活动被以一种休闲的方式应用到人们的实践生活中，是人们运动本能的长期积累和发展，具有历史性和必然性。休闲体育运动不仅是人们行动本能发展的自然属性，即通过一切可行的办法来满足人们对运动的需求，还是社会发展的产物，满足了人们的社会性需求。所以说，休闲体育本身就是社会文化的重要表现形式。可见，一个人对休闲体育运动的选择反映出个人对社会文明的选择，一个人的价值倾向，也是他对休闲体育的理解。

综上所述，休闲体育文化是休闲文化和体育文化长期发展下的结合体，是社会发展的必然产物，属于体育文化的分支，也是组成社会文化的重要结构之一。

2. 休闲体育文化的特性

休闲体育文化是体育文化的重要组成部分,所以它必定具有体育文化的一些特征。此外,休闲体育文化还呈现出自己的本质特征,主要表现在以下几个方面:

(1) 领先性特点

休闲体育是社会生产力和生活水平不断提高的产物,是人们对美好生活的追求和社会实践,现在是新材料、新技能和自动化的全新时代。休闲体育的理念、设备、器材和项目多是引进西方体育或者高科技的民用转化,可见,休闲体育的物化和理念领先其他休闲领域的水平。

(2) 跨文化特点

众所周知,休闲体育的运动项目形式多样,内容丰富,不仅融汇了我国古代、民族传统和现代运动项目,而且还融合了国外很多运动内容。受各方面因素的影响,东西方休闲体育文化之间表现出一定的差异性,这种差异性主要表现在物质层面、制度层面、价值层面和行为层面上。休闲体育的跨文化特性是由体育项目的国际化特点所决定的,体育运动是为了满足人类运动本能,因此不分任何国界,只要是健康文明的休闲体育方式,都会在世界各地被人们所接纳和喜爱。

(3) 直接参与特点

休闲体育运动的双重价值体现在身体和心理两方面,它具有直接参与的特点,人们必须亲身体验到运动过程,才能获得体质锻炼和心理塑造,要求参与者全身心地投入活动中,这与一般的休闲方式具有差异。人们对休闲体育文化的理解和积累是在长期的参与中实现的,每个休闲体育参与者既是文化的体验者,也是全新的创造者。

(4) 自娱自足的特点

休闲体育是以娱乐、健康为目标的活动,注重过程的参与,人们在休闲体育活动中体验肌肉的锻炼和心灵的放松。休闲体育运动往往带给人们各种情感体验,从体育行为层次分析,有时候根本不能体现出运动带给人们的成就感和愉悦感,反而在整个过程中给人带来困难和挫折,但是其中的娱乐和情感体验只有参与者才能领悟。

二、休闲体育文化的几种形式

（一）休闲体育环境文化

1.地域休闲体育文化

在社会文化体系中体育文化是最重要的组成元素，不同的体育文化的形成离不开其所处的地域环境。休闲体育地域文化中的"地域"指的是休闲体育文化形成的地理背景，其依赖地理环境的程度远大于其他文化形态，如游泳必须借助水环境、滑雪必须借助雪山等。因此，地域环境在很大程度上会影响某些体育活动的空间扩散，特别是作为一种文化加以推演的时候。此外，不同地理环境中生活的个人在体质、体能、心理机能等方面也是不同的，某些地域的人们由于自身适应环境而进化的机能非常适合某些体育项目，便形成了该地域代表性的体育项目及体育文化。

（1）地域文化下的休闲体育特征

①人文性

人们研究一个地方的地域特色，首先看重的是人文性。我们可以这样理解，只要人的意识所到达的地方，并且跟现实物质产生某种关联，那么就在一定程度上预示了某种可能的人文性。地域文化特色主要基于自然条件，这样才能理解人文要素的内涵。因此，要想了解休闲体育的地域文化，需要把握其所处地域的人文因素。

②区域休闲体育的开展与环境密切相关

环境的特征直接影响着休闲体育的独特性，并且对不同群体所选择的体育活动也有深刻的影响。如我国北方天气寒冷，人们的休闲体育方式便以滑雪、溜冰等为主，而南方温暖湿润，水资源丰富，人们喜欢的休闲体育活动便以划船、游泳等为主。

③不同的区域文化影响当地休闲体育项目的开展

休闲体育项目依托于区域环境展开，因此它对环境有着很强的依赖性。从某种程度上来说，区域环境的特征直接决定着一些体育项目的开展。

④休闲体育文化的产生必然与周围的其他因素发生关联

休闲体育文化的孕育和发展跟它所处的地理位置以及它周围的自然环境、

人口、资源等要素都有重要的联系。所以，要想对休闲体育的地域文化展开研究，就需要综合思考相关问题。

⑤区域性

具体的地理事物、地理事件，都是在具体的时空范围内发生的，并被具体的人群所见证。因此，区域性就成为地域的标志性特点。

当然，地域还会有历史性、差异性等其他特征，认识这些特征，有助于人们更好地认识具体的地域空间，从而更好地从事休闲体育活动。

（2）中西方地域休闲体育文化特点

我国是世界四大文明古国之一，有着悠久的文化历史，同时又有丰富的自然资源，地理环境复杂，是一个多民族的国家。因地理位置、自然条件、气候等的不同，可以把我国划分为四大地理区域，即北方地区、南方地区、西北地区、青藏地区。该划分依据是3条重要的地理界线，大致是秦岭淮河一线、400毫米年等降水量线和青藏高原边缘线。受季风气候的影响，我国400毫米年等降水量线以西为西北地区。秦岭是一条东西走向的山脉，横挡在东部季风区的中部，冬季阻挡了寒冷干燥的西北风南下，夏季阻挡了温暖湿润的东南风北上，所以产生了南北巨大的气候差异，再加上受降水量的影响，因而将秦岭淮河一线以北为北方地区、以南为南方地区。由于地形因素，青藏地区是我国最特殊的地理单元，海拔高、气候寒冷，位于我国地势第一阶梯，因此将青藏地区作为特殊地理区域划分。

我国北方地区包括华北地区和东北地区。华北地区拥有广阔的草原，蒙古族等少数民族便生活在那里，辽阔的大草原养成了他们狂放不羁的性格与高大威武的体格，广袤的地理环境适合马的驰骋，平坦的草原也为摔跤提供了天然的"软垫"。因此，这里的休闲运动的方式主要是骑马、摔跤等。而东北地区冬季漫长，茫茫雪原、大地冰封，生活在那里的人们通常选择溜冰、滑雪等休闲运动方式。由于天气与地理等条件，北方地区的休闲体育活动更多表现为个性、粗犷的单人体育项目。

我国南方地区包括华中、西南、华南三个地区。这些地区降雨充沛、水资源丰富，休闲体育运动方式以水上运动居多，如划船、游泳、帆船等。我国南方地区人口密度较大，所以人们的交往也更加密切，很多大事一般是依靠集体的力量来解决，人们善于交往，有较高的协作意识，在这样的背景下，"龙舟竞渡""舞狮"

等集体体育活动得以流行。"南人善舟、北人善骑"就是典型的例子。

　　西北地区少数民族众多，主客观条件不完全相同，各民族的传统习惯、兴趣爱好也有差别，体育文化必然会呈现出多元化特色。西北地区处于边缘山地，地形地貌复杂，海拔高、气温低，草原偏多，人们通常选择登山、攀岩以及骑公路自行车等作为运动休闲的方式。同时，这一地区居住环境艰苦、气候条件恶劣、沟壑纵横，由此孕育而生的传统体育项目具有显著的竞技性，如摔跤、射箭等。

　　青藏高原是我国海拔最高的高原，被称为"世界屋脊"，处在我国第三级阶梯上，有着高寒、低压缺氧、寒冷干燥的气候特点，那里少数民族众多，最具代表性的民族是藏族。在这种自然地理环境下形成了藏族人民爽快、豪放、粗犷的民族性格和丰富多彩的藏族文化。同时，由于地理环境的复杂，生活在那里的人们拥有较强的跑、跳、攀的能力，随着时代的发展产生了一系列具有民族传统特色的体育项目，如赛马、射箭、拔河等。这些休闲体育活动以娱乐、竞技、健身为目的。

　　不同的地域环境、不同的民族、不同的传统与文化背景，不仅形成了不同的休闲体育方式，也形成了不同的休闲体育文化。我国的少数民族众多，分布在不同的地域环境，有着属于自己民族特色的体育活动方式。如回族的木球、彝族的荡秋千、苗族的苗拳等。少数民族的体育活动往往有着较强的娱乐性，强调满足人的身心需求，并且少数民族的体育活动基本上是自娱自乐，以游戏的方式出现。正是因为拥有得天独厚的地理环境，有美丽的雪山、辽阔的草原、广袤的沙漠和浩瀚的海洋，中华民族才得以繁衍生息。我国的农业经济是自给自足的自然经济，长期以来，人们喜欢安闲、平稳的生活，竞争意识淡薄，这种文化特质反映在体育上即"只求娱乐，不求胜负；只求养生，不求创造；只求技艺，不求冒险；只求优美，不求壮美"。[①]

　　西方很多国家处于开放的海洋型地理环境，因此工商业、航海业比较发达，从古希腊时期开始，西方国家就已经开始研究自然客体、探索自然奥秘。同时，海洋环境的暴风海啸、动荡不安，也养成了西方民族注重空间拓展和武力征服的个性。因此，他们更倾向于快速激烈的休闲运动方式。此外，由于现代西方国家经济发达，人们可利用的闲暇时间很多，运动方式和场所也较多。

---

① 程志理.体育文化问题的初步探讨[J].体育科学，1988（1）：23.

西欧诸国多处于温带海洋性和地中海气候区，冬季温和、夏季凉爽，属于世界宜居气候带，并且平原遍布、畜牧业发达，盛产多汁牧草，对足球运动发展极为有利。此外，不同地理环境下的人们生活方式差异显著，人体骨骼发育、肌肉纤维生长、体脂比高低会受到不同影响。西欧运动员与亚洲运动员相比，其身材更加高大，力量和奔跑能力更强，他们的运动风格更加豪放。

北欧国家大多地处北极圈附近，冬季漫长寒冷，此外，那里的河流短小、水量丰富，并与众多的湖泊相通，形成许多天然的蓄水库，拥有丰富的海洋、森林资源。因此，这些国家冬季是开展滑雪、滑冰、冰球等户外休闲运动的时期。同时，北欧人常常会利用闲暇时间到野外活动，到森林探险，去田野远足，到海湖游泳、泛舟等。

美国、加拿大、澳大利亚和新西兰等国，受古希腊海洋文化的影响，休闲体育文化强调竞争、冒险、创新、挑战，如美国、澳大利亚的冲浪，加拿大的冰球等休闲体育活动便体现出这些特征。

古希腊地区的地理环境、自然环境较为恶劣，古希腊人在生产、生活中，一方面惧怕大自然的威力，一方面又不甘屈服于大自然，因此养成了他们强烈的竞争意识与敢于挑战、冒险的精神。在这种地域环境影响下所形成的文化内涵至今都影响着整个西方的休闲体育文化，形成了多元、多层和以竞争性的运动项目为主导的体育形式。

2. 民族休闲体育文化

民族体育文化是体育文化的重要组成元素，也是构成民族文化的重要部分。民族传统体育经历了漫长的发展时间，在此过程中，累积了丰富的文化内涵，它的形成与发展跟自然环境、人们的生产生活方式、人们的信仰等因素都有着十分紧密的联系。而民族休闲体育文化是民族体育文化的重要组成部分，它是在特定的时空中由地域环境、生产生活方式、价值观念、行为方式、社会制度等构成。

在中国，地势西高东低，两河流域积淀成辽阔肥沃的大平原，孕育了农业文明。我国地域辽阔、山河风光秀丽，各种地貌交相辉映，如高原、平原、盆地、山地、沙漠、丘陵、绿洲等。这样错综复杂的地理与生态环境为独特的体育文化的形成创造了条件。这些不同的地域环境提供了多样的生产与生活资源，产生了不同的生产方式与生活习俗，体育方面诸如大漠赛驼、山地竞走、草原骑射、赛马叼羊等斑斓多姿的西北民族休闲体育项目，无不保留着不同地理条件下的烙印，人们在这种环境中所创造的、代代传承的民族传统体育文化特色鲜明。这些在闲暇时间里开展的丰富多样的体育项目和内容以及独具地方鲜明特色的文化，只要作为发展基础的自然环境不改变，就会伴随着地方民族文化的演进继续传承。地域环境在人类征服自然的历史进程中，对民族共同体的形成、演变、发展，对人们的行为特征、思想观念，对社会制度等产生巨大影响。特别是高山、深谷、大河、沙漠等天然障碍，能使周边民族本身及语言、行为活动、生产方式等的形成和发展具有明显的区域特征。因此，不同地区、不同时期的人们对地理环境的利用程度存在着相当大的差异，利用的方式也迥然不同，造就了多样化的民族休闲体育文化。

生产劳动、生活方式是民族休闲体育产生的必然条件，是民族休闲体育孕育的土壤和源泉。人类通过生产劳动改造自然维持生活的同时强身健体，促进了人类全面发展。为了在恶劣环境下生存，人类必须要掌握跑、跳、攀高、游泳、泅水等各种基本技能，这虽然算不上体育，却是孕育体育的源泉，为体育的产生和发展创造了条件，为民族休闲体育文化奠定了基础。如壮族先民多居住在深山、密林里，以采集、狩猎为生，在生产和生活过程中掌握了跑、跳、投、攀爬等技能。在长期的狩猎、采集实践中发明的用具"飞砣"，就是传统体育项目投绣球的雏形，由谷物加工劳动形成的"打榔"，是壮族的一种体育娱乐活动。扁担是壮族人民最早使用也是使用时间最久的运输工具之一，而且还是人们狩猎的工具、步行的拐杖，甚至作为情人间的礼物相赠，随着不断发展和创造，"打扁担"成为深受壮族人民喜爱的一项民族休闲体育活动，具有壮族特色。从远古时代开始，蒙古族就出于生存、社会需要和闲暇时的需要，创造了丰富多彩的传统休闲体育和体育节庆活动。蒙古族的传统休闲体育项目主要有：男子三项竞技、蒙古族象棋、赛骆驼、布鲁等；体育节庆活动，如"那达慕"成了蒙古族一年一度的体育盛会，还有每年春季草原上的牧民都要进行一年一度的传统打马鬃、整马尾等活动。南宋使者徐霆指出："霆见其行下鞑户取毛索及毡，亦颇以为苦。霆沿路所乘铺马，大半剪去其鬃。扣之，则曰以为索，纳之窝里陀，为打猎用。"现在，这项活动已经演变为劳动、竞技、娱乐相结合的群众性集会。朝鲜族在秋夕节、洗头节和望月节等喜庆的节日里要举行摔跤、足球、秋千、跳板、顶瓮竞走、玩簧火、铁连极、排球等民族休闲体育活动。随着经济和城市化的发展，人口流动规模越来越大，使民族休闲体育得到相互交流、传播，如南方的打陀螺、抢花炮、赛龙舟等民族休闲体育活动传入东北地区。多民族的团结、汇聚、吸收、交融，使民族休闲体育文化得以更好地发展、传承。

我国民族休闲体育蕴涵"天人合一"的思想，看重人与自然和谐相处，追求"内外合一、形神合一"，注重身体和心理的全面发展。我国民族休闲体育在发展和传承的过程中，坚持"天人合一""气一元论"的哲学基础，坚持礼让、和平的价值取向，并以休闲、保健、娱乐为主要模式。我国古代劳动人民凭借着自己的智慧和生活实践经验，构建了将天体、地理、人事和社会联系起来的太极阴阳和五行学说，并根据一些日常现象归纳出唯物主义原理，逐渐形成了中华民族独特的哲学思想。这些哲学思想以天、地、人以及三者之间的关联作为基本框架，并融入中国传统文化的各个领域。正是在"天人合一"这一思想的启发下，人们感悟到在天地之间生存，就要像动物一样顺应自然规律，从而根据动物的一些动作创造了一些养生体育活动，比如：五禽戏、八段锦、螳螂拳、形意拳等。并根据太极、八卦相关的理论，创造出太极拳、八卦掌等运动。体现了人与自然、人与人之间和谐相处的思想观念，提倡通过体育活动来锻炼心智、启迪灵性、进行人格修养，强调德与体的统一、身与心的和谐发展。以儒家为代表的社会发展思想追求"天下为公"和"大同世界"。在重道德、讲礼仪的传统文化影响下，体育行为恪守"中正平和，敦厚温雅"的理念，修身养性和追求完美的精神境界被放在首要地位，竞争与胜负居次要地位。如中华武术追求技艺精湛，注重以武会友、展示技能、相互提高；传承高尚艺德、惩恶扬善，不以打败对手为目的，讲求点到为止；弘扬守信宽容，以和为贵，以德服人。在我国古代的价值观里，特别看重道德品质，并将这种观念融入休闲体育运动中。比如，儒家的"尚仁"、墨家的"兼爱"等思想，有助于管理人们的体育行为，构建和谐的体育氛围。所以，中国的体育文化更看重整体和谐，并不过分突出体育的竞争性。就算是在比较激烈的武术竞技活动中，参与者也只是点到为止，注重"和为贵"。

在中国传统哲学的范畴内，"依木而休"是比较重要并且有较大影响的人生观念，从庄子的《逍遥游》，到陶渊明的"采菊东篱下，悠然见南山"，都体现了我国古代哲人们一种修身养性的生活态度，体现了他们豁达的心境，体现他们注重精神世界与客观世界的和谐统一、人与自然的友好相处。民族休闲体育文化体现人文关怀，注重生态，强调人与自然的和谐，是指导人类可持续发展的宝贵文化财富、精神财富。"采菊东篱下，悠然见南山"体现了古代人们对休闲的看法，注重身体休闲与精神放松，强调物质生活与精神生活并重。现代休闲、娱乐、养生不断发展，传统文化中的人与自然和谐共生，重道德、讲礼仪，天下大同等思想值得我们借鉴，以促进民族休闲体育文化的建设、发展。

西方文明与中华文明的发展历程不同。古希腊时期，对名利追崇，对力量推崇，在平等的前提下倡导激烈的竞争。

西方文化发源于古希腊。古希腊三面环海，海岸线绵长，只有北面与陆地相接，且多丘陵、少平原。一方面，古希腊三面环海，境内丘陵起伏，气候温和，耕地较少，人们长期与海洋博弈，海洋文化在频繁的商业活动中形成。古希腊人养成了向大自然挑战的无畏精神。另一方面，温和的海洋性气候和风景迤逦的岛屿，为古希腊人创造了参与郊外活动的条件，使他们热爱参与户外休闲体育活动。

古希腊人满怀竞争精神无疑受城邦之间竞争文化的影响，他们追崇强壮体魄和灵巧矫健的运动，通过肉体表达强大力量，通过知识、智慧、技术表达更高层次的力量。古希腊独特的社会文化孕育发展了希腊人特有的审美和娱乐意识，形成了独具个人原则和人格意识的体育风尚，构建了个性化的休闲体育文化精神。

欧洲近代文艺复兴促进了西方休闲体育向竞争、平等发展，确立了身心全面发展原则。新兴资产阶级明确地提出了"以人为中心"的人文主义教育思想，这其中的人是个人或自我，是与他人分离的相对独立的个体。西方人文主义主张人的全面和谐发展，倡导个人价值。西方民族休闲体育文化的核心内容是"利我"性，是一种典型的以自我发展为中心的做人做事原则，凸显了西方人重视处理自己与整个社会的秩序问题。

西方体育主张通过体育运动使人的肌肉发达、骨骼强壮，他们更注重身体的外部运动，追求健美的人体。很多体育活动都需要大肌肉群的参与，且肌肉运动比较剧烈。西方体育运动强调锻炼速度、力量、柔韧、耐力等身体素质，目的是保证人体各部分均衡发展。西方体育往往是借助于摔跤、赛跑、投掷等运动方式，来实现对头颈、手臂、腿等部位的锻炼，最终达到提升人体机能水平、美化人体形象、充沛人的精神等目标。西方民族讲究知行分析，凡事都深究其道理，比如对于体育运动来说，就要探究其中的力学原理，并重视对人体结构和生理机能的研究，他们提倡以科学、规范的方式进行体育运动，正因如此，西方民族的休闲体育有坚固的理论支撑，所以很多休闲体育活动能够顺利开展，并且能够持续发展下去。

西方传统价值观倡导竞争、追求刺激、勇于突破、挑战自己，重视个体主义。如古罗马最有代表性的休闲娱乐活动，即罗马角斗表演活动。古罗马的角斗表演有着非常大的影响，各阶层都主动参与其中，无论是角斗的参与者、观赏者还是举办者，从他们的身上都能够看到古罗马的阶层特性，也能看出古罗马人粗犷豪放的性格。

西方民族参与休闲体育活动遵从自己的个性，鼓励自由发挥。西方民族休闲体育文化将超越自我的价值蕴于竞争之中，实现纵向超越，追求身体健美。西方民族个性张扬，敢于冒险超越自我，具有探索求真精神，其从事的休闲体育项目多是一些极限挑战运动。

中西方民族休闲体育文化在不同的自然环境、历史条件、社会文化下形成了截然不同的风格，是世界体育文化宝库中两朵交相辉映的奇葩。

3. 家庭休闲体育文化

家庭是构成社会的最基本单位。家庭不仅是血肉之躯诞生的地方、提供日常生活条件的物理空间，也是塑造个体性格特征、精神气质以及道德修养等最直接、最基本的成长环境。每个人都拥有一个属于自己的家，每个人的成长都深受家庭环境的影响。在不同的家庭里所呈现不同的物质环境、家庭制度、生活方式以及家庭成员的思想道德及情操等融合成了不同的家庭文化。在家庭文化中，其承载的主体是指以人的精神状态的跟进、环境对人的物化、家庭对文化育人理念全方位的理解和家庭成员和睦为基础，以家庭培养出的孩子能够适应未来的发展为目标，而创设出的一种由动到静、由父母到子女、由社会环境到家庭育人取向建设，刻意打造的生命实在体和意志客观体。常言道："父母是孩子的第一任老师""父母是一本书"，那么"家就是孩子的第一所学校"，每个孩子的启蒙教育都是在家庭里开始的，孩子的成长一直深受家庭文化的熏陶。因此，家庭教育是构筑一个人文化资本的"首善之区"。法国思想家布尔迪厄认为，"早期家庭教育"对一个人习惯的养成、良好教养的培育极其重要，这种"资本投资"越早，回报率越高，在社会结构的再生产中就越具有高附加值作用。

随着社会科技和经济的发展，在生活水平不断提升，生活观念、行为及思维方式不断变化的基础上，绚丽多姿的生活方式、丰富多彩的生活内容让人们的物质生活得到了相应的满足。另外，伴随着闲暇时间的不断宽裕，人们对精神生活的追求越来越强烈，在闲暇时间从事什么活动、培养什么样的兴趣爱好，是每个家庭都面临或应该关心的问题。家庭业余时间可以自由支配，活动内容可以随意挑选，形式可以多种多样，但是健康、文明、高雅应当成为家庭业余文化生活的主格调。休闲能够让我们的生活更加幸福，有助于我们保持内心的安稳祥和。在家庭这个"幸福基地"里，如果加一点休闲体育作为催化剂，那么将会合成更多的幸福感，营造出更加和谐有趣的家庭氛围。家庭休闲体育是随着现代社会生活的人本化而逐渐发展起来的，是现代家庭的重要特征之一，是家庭成员之间及其与社会之间关系的重要纽带。家庭休闲体育以丰富的内涵为现代人的精神追求提供了新的领域和手段，并形成了相应的休闲体育家庭文化。在开展家庭休闲体育活动时，不同家庭各自的物质条件、家庭制度、家庭价值观念和行为方式等都会有所不同。受传统文化影响，中国家庭往往是多元和复式家庭，注重亲缘关系，以家庭为中心开展休闲体育活动会存在一定的影响。

中国是一个人口大国，存在地区差异、城乡差异和东西部差异，不同的家庭所拥有的条件必然也存在差异。一般条件较为优越的家庭对休闲体育的需求在一定程度上相对较高，相应地也能够提供更好的家庭休闲体育参与条件；而条件落后的家庭能提供的物质条件有限，对家庭休闲体育的开展具有一定的局限性。由于过去长期经济不发达，生产力水平低下，人们整日都在为生存而劳作，没有闲暇时间来安排体育活动，从学校到家庭都缺少体育环境、氛围，特别是很多长辈没有养成体育活动的习惯，许多家庭的体育活动缺失，更别说形成家庭体育文化。现在，以家庭成员为单位而组织的休闲体育活动逐渐在兴起，活动形式主要是一些室内的小游戏，一些生活圈里的休闲娱乐，并且以群体活动项目为主。但很多家庭的长辈因工作繁忙而缺乏自我锻炼，缺少对相关知识内容的关注，健康素养缺失，科学健身知识匮乏。受中国传统农耕文化价值观念的影响，家庭长辈的主导地位较为突出，晚辈的自我选择受到了一定的约束。因此，在家庭休闲体育的组织开展和项目选择方面的最终决定权仍掌握在长辈手中。同时，很多家庭对具有刺激性、挑战性和探险性的休闲体育项目存有排斥感。总之，家庭休闲体育的参与和开展受到多方面因素的影响和价值观念的制约，以家庭为单元的体育锻炼总体缺少。

在西方国家，以单元家庭结构为主，无论家庭的经济状况如何，父母一般都会支持自己的子女参与适量的休闲体育活动，把家庭休闲体育作为家庭的文化资本以及教育与教养的投资。日常生活中，父母与孩子会在共同的休闲时间一起参与家庭休闲体育活动，如滑冰、滑雪、游泳、跑步、登山等。家庭教育是多方面的，注重子女的天性，倡导个性发展，鼓励和培养其兴趣爱好，并自愿为参与休闲体育活动提供选择空间、环境和资金投入等，引导家庭成员形成正确的体育价值观、健康观。很多孩子从小就养成了体育运动的习惯，休闲体育成为家庭生活中不可或缺的部分。在余暇时间，父母会有计划地带着孩子参加户外运动，如攀岩、游泳、皮划艇、高尔夫、定向越野等。据调查，爱尔兰中等收入家庭中的孩子，一般从5岁到6岁就开始进行有规律的体育运动。运动频率随着年龄的增加逐渐增加，到孩子15岁左右，平均每周体育运动可以达到6次。[①] 此外，西方家庭比较尊重家庭成员的自我选择，并鼓励和培养孩子们的独立性、创造性和自主性。对智慧、勇敢的追求导致许多家庭比较喜欢户外具有挑战性和刺激性的、能体现出冒险精神的休闲体育项目。西方国家的年轻人比较崇尚运动，注重个体形象，表现出强烈的个人主义倾向，许多年轻人的自信来源于对自身身体状况和运动能力的认可。另外，许多家庭较为注重精神文化方面的追求，热衷于休闲体育活动的参与，并作为追求休闲、时尚的代表，通过参与家庭休闲体育活动来展现自我、丰富社会交往。

（二）休闲体育消费文化

从人们的消费活动这一角度来说，小康社会实现的不仅是人们消费方式的变化，更体现了人们不断向更深层次转变的消费需求。马斯洛的需求层级理论认为，在小康社会中，人的消费需求从以往的保证生存的基本需求，慢慢转变为更高层次的发展需求。人的发展需求跟生存需求相比，前者的实现要求人在消费过程中

---

① 马晓利. 爱尔兰中等收入家庭的家庭休闲[D]. 北京：北京体育大学，2010.

要更多地重视自身的发展。多元消费一方面促进了生产精细化分工，另一方面将生产与消费结合起来，消费活动同时也是生产活动，"私人订制"的个性化生产就是一个很好的例子。所以，为新的消费文化提供动力的主要就是人的需求升级以及人的个性发展。要想构建科学合理的消费文化，首先要调整人的发展与物质消费之间的关系；其次，要对人们的生活方式进行启蒙和引导。而对于满足人全面发展的需求来说，休闲体育消费可以发挥重要的作用。

1. 休闲体育物质消费

物质形态是我们最能有效直观感知的文化存在。认识休闲体育消费文化从物质层面开始，有助于我们的理解和认同。如人们在不同的场合穿着不同的衣服、搭配不同的颜色，体现出一个人的文化素养，穿着拖鞋上班被视为素质差的表现，而穿着皮鞋打篮球则是很不得体的表现。休闲消费是当今社会人们生活方式的一个重要方面，是人们为不断提升自己、完善自己而进行的消费活动，具有较高层次的文化内涵。法国社会学家布迪厄指出"体育是具有象征性的文化实践"，作为一种文化实践，体育与休闲消费的融合势必反映了社会高度发展的趋势，休闲体育消费不仅可以强身健体，也为人的全面发展创造可能。了解休闲体育消费文化将有助于我们避免一些不必要的尴尬。对休闲体育物质的消费也是非常直观的，从这个角度切入，更有利于理解休闲体育消费文化的其他方面内容。

自从改革开放以来，我国先后出现了四次消费升级，促进了经济增长，也促进了消费结构的演变，从而推动了我国产业结构的升级。在改革开放之初，出现了第一次消费结构升级。当时，粮食消费明显下降，而轻工业产品消费则呈现出上升趋势，这一消费结构的转变，促进了我国轻工、纺织产品的生产，带动了相关产业的发展，实现了第一轮经济增长。20世纪80年代末至90年代末，出现了第二次消费结构升级。前期表现为家用电器作为一种时尚受到消费者的青睐，并带动了相关产业的迅猛发展；后期表现为家电产品的升级换代，耐用消费品向高档化方向转变，大容量冰箱、微波炉、空调等成为城镇居民的消费热点。这种消费结构的转变有效促进了电子、钢铁、机械制造业等相关行业的发展，实现了第二轮经济增长。第三次消费结构升级出现在近十余年，这一轮消费升级增长最快的是教育、娱乐、住宅、旅游等方面的消费。而第四次消费结构升级是近两年才兴起的，在科技的推动下，主要表现为对汽车、电子产品、体育产品的消费，如

SUV（Sport Utility Vehicle，运动型多用途汽车）的热销、智能终端的热销、智能穿戴设备的热销、马拉松热等。从需求层级上看，第一次升级是生存型消费升级；第二次升级是生活型消费升级；第三次升级是享受型消费升级；而第四次消费升级则是享受型，也是发展型消费，第四次消费升级才刚刚开始。

第四次消费升级是以居民可支配收入的大幅度增加为前提的，在物质层面表现为休闲体育场馆、设施、服装、器材等相关物质消费量的增加。近年来，随着我国经济大踏步地前进，我国居民手中的可支配收入大幅度增加。据国家统计局2015年国民经济和社会发展统计公报显示，我国居民人均可支配收入呈现逐年上升的趋势（如图1-2-1），可支配收入的增长促进了居民休闲方面的支出。

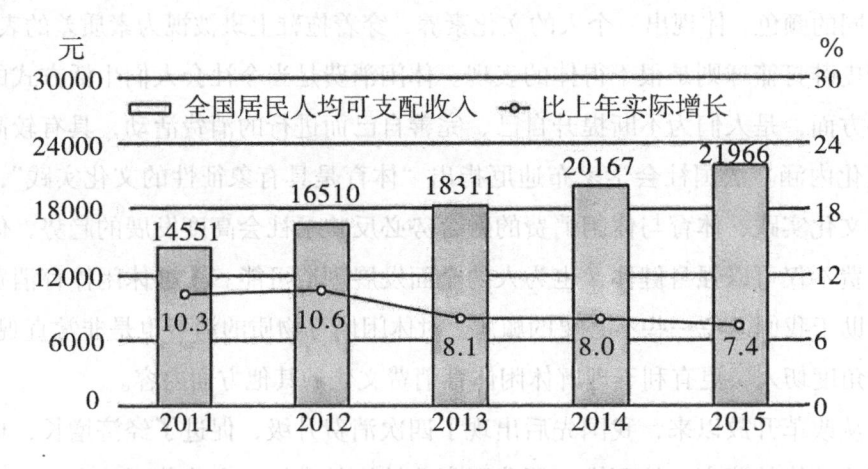

图1-2-1　2011年—2015年全国居民人均可支配收入及其增长速度

尽管近几年服装消费市场的疲软态势总体没有改变，但有关研究数据表明，休闲运动的商品却呈现出良好的发展前景。服装子行业表现良好的前两项是运动鞋、休闲服饰，其后才是家纺、男鞋、男装等。不仅如此，运动健身的理念正在被越来越多的人接受，这不仅推动了休闲运动服装的畅销，也促进了健身器材的消费，如扩胸训练器、平推训练器的畅销。同时，体育场馆也更加丰富多样，可以满足更多消费者的消费需求。如今街道上穿着运动或户外品牌服装的行人比比皆是。同时，手臂上带有智能手环的人也不在少数。在社区篮球场里打球的居民穿的是篮球鞋，踢足球的穿的是足球鞋，跑步的穿的是专业的跑步鞋，一双回力鞋"通吃"的年代已远去。城市规划好一点的地方还有专门的健身步道或自行车骑行道。在我国，休闲运动消费开始节节攀升，健身馆、羽毛球馆、游泳馆等越来越热门。而今，广大居民更加注重有益于身体健康、美化生活、提高素质的消费，现代型的消费逐步形成。越来越多的人喜欢借体育运动体验休闲，由此促进了休闲体育物质消费的繁荣。

西方国家的未来学家早在20世纪末就极富预见性地指出，"21世纪，我们迎来了一个知识创新的经济社会，其生活结构、生活方式和社会结构也将发生重要的改变"。如今，这些预见已经成为现实。随着个人物质财富和闲暇时间的增多，人们弥补心灵空缺和改善精神生活方面的需求显得尤为迫切，休闲成为后工业社会的主要文化现象。在西方发达国家中，休闲是人们生活的重要组成部分。相关调查表明，美国的休闲产业已经达到了国民生产总值的第一位，其就业占全部劳动力的四分之一。如今，在世界各国的经济产业结构中，休闲产业已经占据了十分重要的位置，它已成为当今世界一部分国家国民经济的支柱产业。体育产业在休闲产业中的比重越来越大。西方学者在研究中就曾发现，人们对传统体育的参与度在逐渐降低，对户外运动、体育旅游等休闲体育的参与在不断增加。

2. 休闲体育消费价值观

价值观就是一个人判断事物的一种思维或者取向。人们的价值观反映了休闲体育消费文化的存在。在知识经济时代，人们选择某个产品或者服务，不仅关注其价格或质量，更注重其所蕴含的文化。往往有着较高文化附加值的产品，得到了人们更多的喜爱。企业也往往把能否产出符合民众文化需求的产品作为成功与否的衡量标准。休闲体育自身的价值使参与者能够获得多重体验。按照马斯洛的需求层次理论，人们在生理需求得以满足之后，便开始有了安全、情感和归属，甚至尊重等需求。如今，以休闲为中心的生活方式在逐渐取代以工作为主的生活观念，这种转变也慢慢成为个体的身份特质。而此价值观念中的一部分休闲方式则被西方学者称为"运动（休闲）生活方式"。休闲体育运动的一个显著作用便是能够增强体质、保持旺盛的生命力，从而使健康更有保障。正因为如此，"生命在于运动"的观念才能被人们广泛接受和认可。这样的认识鼓励着人们去通过参与运动展现自己的生命活力。同时，在人们观看或参与体育运动的过程中，因共同的兴趣爱好，大家协同拼搏，有了相互认同或志趣相投的感觉，由此便找到了归属感。并且，运动过程中个人的拼搏精神也能获得队友的肯定或观众的肯定，甚至是对手的尊重。从心理学角度看，体育运动总是成功与失败相伴，运动过程获得的成功能够缓解学习、生活、工作中积累的紧张、焦虑、抑郁等不良心理，增强自信心和自尊心；失败的体验能培养人们勇敢果断、坚韧不拔、努力进取的品质。这些影响使运动参与者具有更强的社会适应能力。因此，在经济社会高速发展的今天，人们对消费休闲体育的认识更加深入，理解更加透彻。

从健康观念的转变看，在生产力水平相对落后的时代，"无病即健康"的观念被广泛认可。时至今日，人们对健康的认识和理解已发生了巨大变化，健康要求人的身体、心理、社会适应能力等方面都处于良好状态。人们对健康概念的认识变化有着深刻的社会原因，知识经济的来临让人们工作的必要时间减少了，但工作中的压力并没有减少，表现为亚健康的人群在日渐增多，"三高"问题越来越年轻化；同时，"过劳死"案例也屡见不鲜。这些现象提示人们，物质的丰富并没有让人们感到更加愉快，相反，生活的压力更大了；科技的进步并没有让人们的身体更加健康，相反，病症的年轻化日趋明显。显然，生产力水平与生活质量、幸福指数并非呈线性关联。这些问题早已引起了有关各界的重视，休闲体育成了解决这一系列问题的最佳途径。休闲体育对于缓解压力、促进健康、释放自我有着不可替代的作用。正因如此，休闲体育风靡全球。休闲体育产业还为发达国家GDP（国内生产总值）做出了重要贡献。美国是世界第一大经济体，休闲体育产业也是全世界规模最大、最发达、最完善的。除此之外，体育表演业还带动了相关产业的发展，如体育用品、纪念品与授权产品、电视转播及广告等行业，最终促进了美国休闲体育产业的增长和繁荣，休闲体育产业在美国国民经济中占据着举足轻重的地位。

消费文化和体育文化在经济领域中的联系如此紧密，这种联系依靠的是个体"身体"背后的意义。"身体"是消费文化中至关重要的因素，通过消费使身体健康、身材理想等，而体育文化则通过游戏、对抗、力量、速度、能量等来满足个体对身体体形苗条、永葆青春的需求。发达国家休闲体育产业的庞大规模展现了休闲体育消费文化的巨大魅力。其意义早已超出了人们对健康观念理解的范畴，其中也包含人们对时间、空间、金钱的认识变化。也许会有人思考工作之余的闲暇时间应该怎样度过、手里的闲钱应该怎样支配。人们不能也不应该成为工作的机器、赚钱的工具，对于这样的困惑或思考，能够在休闲体育中获得答案。从人们对时间理解的变化看，而今的时间观早已不同往昔，生产机械化、办公智能化、家庭电器化等，使人们能够从工作、生活中获得更大程度的解放，有了更多的自由时间。于是，有了"我们无法决定自己生命的长度，但可以拓宽生命的宽度"的认识。人们对于珍惜有限的生命时间达成了共识，如何拓宽有限生命时间里的"宽度"成为焦点。近年来，攀岩、露营、越野等户外项目的流行，体现了人们对有限生命时间里的"宽度"的拓展。人们对空间认识的变化也是显而易见的，在交通、通信技术进步的推动下，人们往来世界各地更加便捷，获取信息资讯更加容易，"地球村"的形象更加凸显。如巴西里约奥运会，人们可以选择坐飞机去现场看比赛，也可以在家里看电视直播，或在平板电脑、手机上看网络直播。同时，地铁、车站、餐厅等公共场所也可以获得相关资讯。并且，信息的传播不是单向的，观众可以通过网络平台与传播方进行互动。在"地球村"的空间观念的影响下，人们开始变得茫然，地球上已没有新大陆，适宜人居的陆地已挤满了人，沙漠被改造成绿洲，并建成了大城市，如拉斯维加斯、迪拜、卢赛尔等，就连不适合人居的南极大陆也布满了人类的活动足迹。追求新奇、探寻未知是人类的本性。因此，人类在"地球村"里并不安分，"百闻不如一见"的想法使得"村东"的居民想到"村西"去看看、走走、玩玩，体验村子"那一头"居民的生活。同理，"村西"的居民也有到"村东"玩玩的愿望。由此，带来休闲旅游、度假旅游、自驾游的持续升温。单纯的观光旅游已不能满足人们复杂的需求，于是，体育旅游渐成热点，体育产业与旅游产业融合发展的趋势日渐明显。"互联网+体育""互联网+旅游"，使人们得到休闲、旅游、运动、文化的体验。因此，人们对空间理解的变化也促进了休闲体育消费。从人们对金钱的认识变化看，"花钱买健康"的消费观念得到越来越多人的认可。

在人们消费水平升级的前提下，休闲体育消费也被赋予更多含义。人们在消费体育的过程中不仅要玩出健康，还要玩出品格、玩出文化。体育的本质就是一种文化，在现代社会，人类文明高度发达，但是人与自然的距离、人与人之间的距离却越来越远，正是出于对这一现象的反思，休闲体育才得以流行。从文化这一方面来看，休闲体育不仅仅是人自身潜力的开发过程或调节过程，也是人向自身、向社会的回归。休闲体育对人类形成健康的生活方式，以及适应不断变化的生活环境具有不可替代的作用。因此，休闲体育是一种文明的生活方式。人们对休闲体育有着多种消费方式，比如自然性体育消费、商品性体育消费。其中自然性体育消费属于"粗放型"消费，选择这一消费的人多采取徒手或持小型器械的自主练习方式，其主要目的就是强身健体或康复疗养。而商品性消费则不同，它在一定程度上体现了体育作为休闲、娱乐、教育等综合性的社会功能。商品性健康消费的发展，体现出人们在休闲体育消费中更加追求个性化、时尚化，追求具有较高文化内涵的商品，比如，参加档次较高的包含健身、娱乐等内容的俱乐部。随着时代的发展，人们的生活品质逐渐提升，在这样的背景下，体育运动成为人们休闲消费的重要组成部分。改革开放以来，我国人民的生活方式发生了重要改变，生活质量明显提升，相应地，人们的消费结构发生变化，从这种变化中我们看出人们思想观念的转变。我国传统的社会是以"生产"为中心的，如今以转变成以"消费"为中心，这种转变使得非物质商品占据了重要地位，使得商品的品质及其文化内涵得到更多关注。

休闲文化是构成人类文化整体的一个重要部分，或者说是构成人类文化系统的一个子系统。从语义的逻辑关系来分析，文化与休闲文化是一种包含和包含于的关系。在人类社会文化的构建内容之中，休闲体育文化占据重要的地位，它是休闲文化和体育文化的结合体。一方面，休闲体育是人们以休闲的态度去参与体育运动的一种社会现象；另一方面，随着社会的发展，人们的闲暇活动越来越丰富，但是人们自愿选择了体育活动，并通过该活动满足自己的身体发展需求和心理需求。在这个定义中，休闲体育作为一种社会文化现象，一种被包含于休闲文化和体育文化之中的文化现象，是一种休闲文化和体育文化的表现方式。

三、休闲体育文化的弘扬与传承路径

随着时代的变迁与发展，休闲体育文化也呈现出与整个社会相符合的时代特征，在新时代背景下，作为休闲体育文化的研究者和参与者，要结合实际情况，采取有效的方法，加大力度弘扬休闲体育文化，推动休闲体育的发展，进而促进社会和谐进步。

（一）积极开展休闲体育教育

在现代化社会发展背景下，体育教育为休闲体育文化建设提供了可行的理论依据，在一定程度上影响着人们的休闲体育观念和态度，休闲体育文化的建构与休闲体育教育工作密切相关，因此可以从休闲体育教育着手，采取一定的弘扬措施。

1. 在学校开设休闲体育课程

学校工作人员应积极转变思想，充分认识休闲体育教育产生的个人价值和社会价值，重视并加快休闲体育教育纳入学校教育计划的进程中来，并制定科学的教育议程，从而有目标、有针对性地培养学生的休闲体育理念、行为习惯和价值观，这同样也符合我国全民健身计划、素质教育和全面协调发展的教育要求。

在学校开设休闲体育课程，可以帮助学生真正认识和理解休闲体育的价值和意义，并自主形成良好的终身体育意识和行为习惯，在学校专业的体育师资力量引导下，学生利用学校的体育场馆、设施和器材开展有规律、有权利、有责任的休闲体育模式，为以后的全民健身活动和终身体育习惯奠定了坚实的基础。

2. 培养休闲体育方面的人才

我国的休闲体育运动较先进国家相比还存在一定的差距，尤其是缺乏专业休闲体育人才力量，因此在高校课程中引入休闲体育教育，可以培养大量符合时代需求的休闲体育管理人才、技术人才等。另外，为了保障休闲体育运动的实施科学性，还可以积极组织休闲体育资讯机构，为社会培养更多的休闲体育指导人员。

（二）建立休闲体育专门组织管理机构

建立机制健全的休闲体育专门管理机构可以有效地推动休闲体育运动在社会上开展，为社会休闲体育活动建立了指导、约束和规范基础。休闲体育专门组织包含多层管理机构，需形成职责分明的管理阶层，其中最主要的是加强骨干力量的建设，具体措施如下：

1. 建立相关专门组织管理机构

一套科学有效的组织管理机构可以在很大程度上促进休闲体育的发展，现如今，休闲体育组织管理机构从国家到省、市、县要专门设立分管群体部门，再经这些部分建立所属的群众体育协会、体育指导中心、俱乐部，逐步形成范围广泛、布置优化的社会管理网络，从而为群众提供便利的休闲体育指导，多体现在老年群众的健身中，这是提高休闲体育发展步伐的重要影响因素。

2. 加强体育骨干队伍建设

为了强化休闲体育组织管理机构的功能，可从这几个方面入手：第一，相关部门重视对休闲体育指导员和骨干力量队伍的培训，提供更多的深造机会；第二，通过各种社会实践机会训练他们的专业能力和综合素质能力；第三，充分挖掘休闲体育骨干和指导人员的中间职责；第四，加强和完善监测工作制度，建立合理的体质评价体系。

（三）引导正确的休闲体育消费意识

休闲体育运动的推广和普及需要更多的参与主体和消费主体的支持，只有群众树立良好的休闲体育消费意识，才能充分地发挥休闲体育对社会和个人的价值。休闲体育文化的内涵包含人们的休闲体育意识，由此可见，引导人们正确的休闲消费意识可以从以下几个方面着手：

1. 加大对休闲体育的宣传力度

休闲体育运动种类丰富，形式多样，适合不同阶层人群的体育需求，休闲体育为人们的闲暇生活增添了健康、文明和娱乐元素，因此具有广泛的群众基础，另外，休闲体育运动对于体质健康和生活质量的提高都有显著的促进作用，这就需要社会各界加大休闲体育运动的宣传力度。通过各种宣传手段和方式引导、支持和强化休闲体育的功能、价值和意义，提高群众的参与自主性，进而树立全民健身意识，形成良好的休闲体育参与环境。

2. 积极培养消费主体

扭转不良的休闲生活习惯，积极引导人们的休闲体育消费意识，建设完善的休闲体育设施，提供周到的休闲体育服务体系。为了满足不同消费者的需求，还应根据消费者的具体情况开发出多层次的、多种类的休闲体育消费品市场，从而满足不同消费者的多种需求，达到激发消费者对休闲体育的消费欲望的目的。

（四）加强休闲体育的消费和服务体系建设

完善的休闲体育消费体系是保障休闲体育运动开展的基础，而高质量的服务体系则是刺激休闲体育消费的动力因素，所以说，加强消费和服务体系的建设，有助于休闲体育文化的构建。

1. 制定休闲体育的消费标准

休闲体育消费体系的完善首先需要规范市场法规，加强统一管理的力度，制定相应的行业消费标准，保证休闲体育市场的公平、公正性，主要有：第一，规范休闲体育市场经营行为，保障休闲体育的有序进行；第二，制定合理的消费价格，激发群众对休闲体育的消费欲望。

2. 完善休闲体育的服务体系

健全的休闲体育服务体系与休闲体育的可持续发展息息相关，因此休闲体育经营者可从以下几方面着手来加强服务体系的建设：第一，树立正确的观念，树立正确的休闲体育市场营销、市场导向等观念；第二，重视对休闲体育市场的分析，从现状和潜在需求等多个视角对市场进行调研、研究和预测；第三，大力发展休闲体育的延伸事业，关注休闲体育事业的服务体系，并积极开发以服务为主的体育外围产业。如观赏体育、健身场馆和集娱乐、健身、休闲于一体的体育俱乐部，从而满足不同层次人群的休闲体育需求。

3. 努力实现体育服务均等化

开展体育均等化服务，能够减小各地区休闲体育发展水平上存在的差距。而要想实现休闲体育服务的均等化发展，要注意以下问题：一方面，各级政府要发挥主导作用，积极向农村公共体育投资，结合当地实际情况，慢慢扩大休闲体育的覆盖面；另一方面，应充分鼓励、组织和利用发达地区的发展优势，采用一定的对口支援、社会帮助等措施来带动中西部欠发达地区的休闲体育发展事业，从而在一定程度上改善各地区休闲体育发展不均衡的现象。

第三节　休闲体育与全民健身

一、休闲体育与全民健身之间的关系

（一）休闲体育为全民健身活动提供更大的发展空间

休闲体育的主要目的是娱乐、强身健体、陶冶情操。休闲体育注重的是身体和心灵的放松以及亲近自然，体验生活之趣。休闲体育的内容是多元的，它包括很多传统体育项目，比如，田径、球类运动等；也包括一些新兴体育项目，比如蹦极、越野等；还包括人们日常生活中的一些运动，比如慢跑、登山等。休闲体育强调"休闲"二字，有着较强的娱乐性和开放性，因此对运动技术并没有太高的要求，男女老少都能参与其中，都能从休闲体育运动中得到快乐。正因如此，休闲体育得到越来越多人的欢迎。

（二）全民健身对素质教育具有促进作用

全民健身运动有助于增强国民身体素质，构建良好社会风气，提升综合国力，所以说，全民健身运动是一项利国利民、功在千秋的伟大工程。并且，对于实现中华民族伟大复兴以及全面实现小康社会而言，全民健身运动也将发挥重要的作用。党中央结合我国教育现状和未来发展需求，提出全面推进素质教育，其内涵是提高全民族的素质，其中包括全民族的身体素质。所以说，对于推进全民素质教育而言，全民健身无疑是一项有效的策略。全面健身运动一方面有助于提升人民的身体素质，另一方面也能有效提升人民的文化素质、心理素质、适应社会的能力，并改善人们的精神状态，提高人们的工作效率。

落实素质教育的途径有多种，健身是其中最有效的途径之一。从体育教育的角度来说，除了学校教育和社区教育之外，还有一条重要的渠道，那就是全民健身计划。全民健身计划是在政府的组织下，有计划、有管理地进行的。全民健身计划由政府宏观管理，并得到了广大群众的欢迎，使人们能够积极参与其中，再加上社区体育指导员的专业指导，促使全民健身运动走向健康有序、持续发展的道路。这对于提升全民身体素质有着深远的意义，也是真正落实素质教育的重要举措。

（三）全民健身与体育教育的协调发展

全民健身和休闲体育有着十分紧密的联系，二者有相同点，也有不同点，存在着相互促进和发展的关系。随着时间的推移，人们的需求也在不断变化，休闲体育和全民健身也会相互转化，人们会根据自己身体和内心的真正需求，不断追求更适合自己的休闲体育文化。这种发展趋势是必然的，是人类精神文明的需要。所以，我们必须对休闲体育与全民健身两者的关系进行更深入的探究。

1. 休闲体育是全民健身的基础

进行休闲体育活动，必须要保证有充足的时间，这是休闲体育和全民健身的一个重要区别。在闲暇时间里去参与体育锻炼，可以培养人们对体育运动的兴趣，提高人们体育锻炼的质量，也有助于人们掌握体育运动的相关知识和技术，而体育运动技能的提升，又有助于强化人们参与休闲体育活动的意愿。

2. 休闲体育与全民健身的联系

休闲体育跟全面健身存在着多方面的联系。从活动场地这方面来说，人们基本上都是在公园、社区或一些对外开放的学校体育场地进行休闲体育活动，以及开展全民健身运动。从体育消费方面来说，无论是休闲体育还是全民健身，都能够刺激人们的体育消费欲望。从活动项目这方面来说，休闲体育和全民健身有很多项目是相近的，比如武术、健身操以及各种球类运动等。从体育活动的参与群体来说，休闲体育和全民健身是一样的，无论男女老少，都可以参与到休闲体育和全民健身活动中来。从组织和管理形式方面来说，二者也有相同之处，休闲体育是由群众自发组织的，而全民健身是由政府组织的，但是也有群众组织的管理方式。另外，休闲体育和全民健身还有一个最大的共同点，那就是它们都勉励社会的各个群体，可以包容各个阶层的人，都算是一种大众教育和普及教育。从这一点可以看出人们对健康的认识有所提升，也能感受到社会的发展和进步。

3. 休闲体育与全民健身的区别

休闲体育和全民健身有着很多相似之处，但二者也存在明显的区别，这一点主要体现在休闲上。休闲体育内容更加多元化，包括钓鱼、下象棋等活动，这些活动的运动性不强，主要以修身养性、娱乐身心为目的，项目在全民健身运动中并不存在。并且，休闲体育的主要群体是中老年人，全民健身的主要群体则是青少年和儿童。另外，休闲体育有着更强的娱乐性和开放性，因此管理上比较松散，而全民健身运动的管理比较严格，这也是两者的主要区别之一。最后，从功能方面来说，全民健身的主要功能是锻炼身体，提升体质，而休闲体育不仅有强身健体的功能，还有修身养性的功能，这也是二者之间不可忽视的区别。

（四）休闲体育是全民健身的基础

"全民健身计划"的实施是由国家宏观主导，社会各方面全力协调支持，全民共同参与的体育健身计划。要想保证全民健身活动的持续开展，就要培养参与者的体育兴趣，使他们能够以积极的态度主动参与体育活动。休闲体育是全民健身的基础，只有奠定稳固的基础，才能保证全民健身计划科学、有效地开展。

1. 休闲体育的趣味性是最积极的健身方式

休闲体育跟竞技体育最大的差别，就是休闲体育以强身健体、愉悦身心为主要目的，人们在参与休闲体育活动的过程中，不仅能够提升身体素质，而且能够放松心情，逐渐养成良好的精神状态。竞技体育则不同，强调竞技性，以取胜为主要目的，参与者通过锻炼不断提升自己的体育能力，从而在竞赛中努力夺取好名次。具有较强娱乐性和趣味性的休闲体育得到了更多人的欢迎，能让人们真正感受到体育活动带来的快乐，并理解体育锻炼真正的意义。因此，鼓励人们参加休闲体育活动，将有助于推动全民健身运动的顺利开展。

2. 休闲体育能够吸引更多大众参与全民健身

随着时代的发展，社会物质文明和科学技术不断进步，这促进了休闲体育场地、器材、设备等条件的完善，使人们在体育方面的需求得到更大程度的满足。因为休闲体育娱乐性和开放性较强，对体育场地和设施并没有太高的要求，人们一出家门就能够参与到体育活动中，不仅能够锻炼身体素质，还可以放松心情。随着休闲体育的内容和形式越来越丰富，休闲体育活动将得到更多人的喜爱，进而也会吸引更多人参与全民健身活动，从而实现全民健身计划的真正目的。

3. 休闲体育的本质特征有利于全民健身的开展

随着社会的发展，人们的生活节奏不断加快，心理压力也越来越大。于是，在闲暇时间里，人们希望能够找到一种放松身体、愉悦心灵的方式，在这样的情况下，休闲体育内容丰富、方式多样的特点正好可以满足人们的需求，因此得到广大人民群众的喜爱。休闲体育的运动项目基本上都是比较轻松的，有助于参与者放松身心、释放压力，并且能够使人们提升自信。总而言之，休闲体育能够让人们认识到锻炼身体的好处，提升人们的体质，保证人们的生活质量，更重要的是能让人们在参与活动的过程中，感悟到人生的意义和价值，从而转变对体育的看法，使全民健身得到进一步的开拓。

休闲体育和全民健身计划的实施有着紧密的关联，二者存在着相互促进的关系。休闲体育呈现出的特点是趣味性强，参与者众多，能够起到愉悦身心、强身健体的作用。因此，将休闲体育与全民健身结合起来是十分重要的。休闲体育是全民健身计划的基础，只有基础牢固，全民健身计划才能持续进行。

二、休闲体育对全民健身的影响及对策

中国传统观念对休闲娱乐是存在着一些偏见的，常把它看作一种不务正业、玩物丧志的行为。但是，随着时代的进步，社会生产力大大提升，人们从繁重的劳动中解脱出来，得到了更多的闲暇时间，人们的思想观念也在不断进步，因此，休闲体育得到越来越多的受众。休闲体育内容丰富、形式多样、注重人文关怀，人们在参与休闲体育活动的过程中能够亲近自然，并提升体质、放松身心，感受到体育锻炼的乐趣，这使更多人参与到全民健身的队伍中。所以，在全民健身运动的浪潮下，我们要深入探讨休闲体育对全民健身的积极影响，这对保证全民健身运动的顺利开展具有重要的意义。

（一）休闲体育对全民健身发展的积极影响

1. 休闲体育是我国实现全民健身计划的重要途径之一

《全民健身计划纲要》是一个由国家宏观领导，社会各方面支持，全民共同参与的有目标、有任务、有措施的体育健身计划，它是与实现社会主义现代化目标配套的社会系统，是跨世纪体育发展的战略规划。为了提升国民体质，助力中国梦的实现，全民健身活动必须要持续开展，要想做到这一点，就必须让参与者在体育活动中得到乐趣。休闲体育有着较强的娱乐性，活动的氛围比较轻松，更容易让人们感到快乐和满足，同时休闲体育一直在引导人们追求健康的休闲生活方式。因此，在实现《全民健身计划纲要》的具体目标时，我们不妨将兼具休闲和健身特点的休闲体育活动作为重要举措。

2. 休闲体育是一种积极有趣的体育锻炼健身方式

休闲体育有助于增强人的体质、放松人的精神，还能帮助人们调节情绪，保持良好的心理状态。如果人们能够长期进行休闲体育运动，还能提升自信心，培养生活情趣，并且能够让人们真正感受到体育锻炼的趣味性，真正了解体育锻炼的意义。因此，引导人们参与休闲体育活动，有助于促进全民健身的开展。

3. 休闲体育能够推进全民健身的普及

社会物质文明的发展以及科技的进步，给大众娱乐体育提供了必备的场地、器材和设备，也促进了人们体育观念的改变。大众娱乐体育水平不断提升，在很大程度上促进了娱乐体育竞技水平的进步，从而为职业队伍培养了更多优质的体育人才。职业娱乐体育活动的高技艺会对大众娱乐体育提出更高的要求。随着人们生活观念和体育观念的进步，会有更多人从体育看台上加入体育活动中，而休闲体育作为一种有着较高质量和品位的体育娱乐活动，将会引起更多人的喜爱和追捧，促使各个年龄阶段的人们参与到全民健身的队伍中。

4. 休闲体育的发展符合全民健身的要求

社会竞争越来越激烈，人们的生活节奏随之加快，有很多人面临着较大的生活压力，这导致人们心理问题频发。所以，在学习和工作之余，人们渴望找到一种放松身心的方式，而休闲体育正好迎合了广大人民群众的需求。休闲体育内容多元化，形式不拘一格，具有流行和时尚的特点，能够满足大众娱乐和全民健身的需求，更重要的是休闲体育的娱乐性能够有效缓解人们的精神压力，给人们带来愉悦的体验。并且，在休闲体育活动中，人与人之间的交往更加频繁，人际关系更加简单、和谐，这给人们提供了一个温暖的生活环境。休闲体育中有很多游戏类项目，人们忘情地参与其中，能够暂时从焦虑的心境中解脱出来，达到陶冶情操、愉悦身心的目的。可以说休闲体育一面让人们感受到强身健体的好处，一面让人领会到人生的意义和价值，从而使人们能够以一种积极的态度来看待体育，这有助于体育功能的进一步拓展。

（二）休闲体育促进全民健身发展的对策

1. 围绕《全民健身计划纲要》的实施，积极培育休闲体育项目

休闲体育的项目有着较强的娱乐性，因此能够得到更多人的喜爱。所以，我们要利用好休闲体育的优势，倡导人们主动参加休闲体育健身项目，可以开展远足、野营、自行车旅游等活动，鼓励人们亲近大自然。争取在全民中构建"人人参与健身，健身要讲科学"的良好风尚，助力人民体质的提升。

2. 根据各地区实际情况，采用灵活多样的方式

可以根据当地的实际情况，利用已有的设施和技术人员，开展一些具有较强娱乐性的休闲体育活动，同时要保证这些活动普适性强，能够得到当地大部分人

的欢迎，从而让人们在参与活动的过程中，得到身心的愉悦，也能达到强身健体的目的。另外，还要对这类活动加大宣传力度，引起更多人的关注，并尝试将这些休闲体育项目和群众体育活动有机结合起来。比如，把一些休闲体育项目和人们经常进行的排球、乒乓球、足球等项目进行结合，创造出具有地方特色的全民健身项目，从而进一步推动全民健身运动的开展。

3. 充分挖掘传统休闲体育项目的潜力，积极推广传统休闲体育项目

传统休闲体育项目有着较长的历史，并且群众基础深厚，有着丰富的文化内涵，也有着一定的教育价值和艺术价值。开展传统休闲体育活动，一方面能够让参与者强身健体，另一方面又能起到一定的教育作用，提升人们的道德修养。比如，有的地方盛行赛马、赛龙舟等传统活动，我们可以结合休闲体育的具体目标，对这些项目进行改造，发挥其文化优势，提升项目的吸引力，让更多人参与到体育运动项目中来，从而推动全民运动的发展。

4. 积极开发休闲体育中的健身、健心、健美功能，吸引更多人参加健身活动

随着社会文明的发展，人们越来越注重精神层面的享受，对娱乐的需求越来越大，在这样的背景下，休闲体育活动得到人们的欢迎。休闲体育不仅能够让人们增强体质，还能够愉悦身心，使参与者高度紧张的神经得以放松，可以调节人们的某些不健康的情绪和心理，达到身心的和谐统一，实现真正意义上的健康。韵律操、健身操、健美操、休闲舞蹈、保龄球等项目既能健身，又能健心，还能健美，具有较好的"三健"功能，应加以积极地开发与改造。

5. 积极开展老年人与妇女休闲体育活动，壮大全民健身队伍

在亿万老年人中，特别是离退休人口中蕴藏着潜在的巨大体育人口。实际上，老年休闲健身体育近年来在世界范围内兴起，不仅是一种单纯的体育现象，而且还是一个社会运动。休闲健身不仅帮助老年人强心健体、延年益寿，而且还在改变着社会上人们对老年人消极的社会观念，大大促进了全民健身运动的发展。妇女在休闲体育活动中异军突起，充分显示了我国经济的发展与妇女地位的改善。为了适应社会竞争的需要，当前广大妇女积极参加健身活动，而休闲体育活动为妇女在生理上、心理上提供了必要的准备，使广大妇女成为全民健身的主力军。

三、全民健身背景下的休闲体育发展趋势

（一）休闲体育与全民健身的联系将更加紧密

随着新的全民健身计划的逐步落实，人们对精神层面的追求必将越来越丰富。休闲体育以其鲜活的生命力和不断的自我完善，仍会被人民大众所追捧，其对于全民健身事业的推动作用依然是巨大的。在我国大力推行全民健身事业的时代背景下，休闲体育的发展仍将与全民健身紧密相连、相互促进、互为补充，并成为人们新的生活方式。

（二）休闲体育逐步与国外接轨，实现产业健康发展

我国休闲体育发展历程与西方发达国家相比较为短暂，这就要求我们必须向休闲体育发展较为成熟的国家学习发展经验和先进理论。在立足于我国国情的基础上，借鉴国外经验，将我国的休闲体育与国际休闲体育的发展融为一体，全面更新我国在休闲体育领域的理论框架系统，并以理论带动实践，确保我国休闲体育又好又快地发展。

（三）普及率进一步提升，受众日益增多

目前，我国正集中力量大力推进全民健身计划进程，这对休闲体育普及率的提高具有重要意义。越来越多的民众以参与全民健身为契机，开始接触和了解并逐步参与休闲体育，使休闲体育的参与人群范围进一步扩大，并将最终提高休闲体育人口的数量。休闲体育的部分项目，如慢跑、大众健美操等具有参与性强的特点，这一特点决定了其在经济相对落后地区和偏远地区易于传播与推广，这将对当地全民健身事业的发展产生巨大影响。伴随着经济发展和生活水平的不断提高，这些地区的民众很容易参与到休闲体育中去，并在当地政府和相关体育机构的引导下，慢慢养成参与休闲体育的意识、习惯和能力，进而形成终身体育的观念。这是在经济相对落后地区和偏远地区落实全民健身计划的重要途径。

无论是休闲体育还是全民健身，都与社会的发展和进步紧密相连，都要适应社会的变化，这是不以人的意志为转移的，是休闲体育和全民健身运动自身发展变化规律所决定的。知识经济时代休闲体育和终身体育将出现很大的变化，在休闲体育和终身体育的时间和空间观念将进一步拓展，从社会发展的规律和人的需

求来看，经济发展的水平越高，人的精神需求就越高，这也就决定了休闲体育和终身体育的发展趋势。休闲体育和终身体育未来走势的预测是：个性化、终身化和民族化。休闲体育是大教育理念下的重要组成部分，通过休闲体育培养人健全的个性和独立的人格。休闲体育已经成为人们必不可少的文化需求，社会国际化和民族化的统一，是未来国际社会发展的方向。国际化的基础是民族化，没有优秀民族文化就谈不上国际化。休闲体育是在民族化的基础上发展起来的，这是休闲体育的文化根源，也是休闲体育发展的趋势。

第二章 休闲体育产业的理论研究

随着时代的进步与发展，人们越来越重视休闲的生活，当前休闲体育产业是公众休闲活动的重要组成部分，其中，不只有一些休闲体育项目，同时还有大量新兴的时尚健身项目也进入休闲体育的范畴并得以快速发展；休闲体育的空间开始向海洋、森林和山地拓展；目前休闲体育产业已经形成公益与盈利并存的产业模式，同时还形成政府大力支持、民众积极参与以及学界积极倡导的良好局面。

本章讲述的是休闲体育产业的理论研究，主要从以下两个方面进行具体论述，分别为休闲体育产业概述和休闲体育产业的经营与管理。

第一节 休闲体育产业概述

一、休闲体育产业内涵及体系构成

（一）休闲产业内涵及体系

1. 休闲产业的内涵

"产业"这个词语所指的内容并不是一开始就形成的，而是经历了很多阶段，最早"产业"这个词语是指农业，是由重视农业的学者提出的。当进行工业革命之后，人类的产业结构就发生了变化，人们已经进入资本主义大生产阶段，因此这时产业指的是工业。马克思主义对产业的观点是最容易被人们接受与认可的。具体来说，马克思主义认为对物质性产品进行生产的行业就是产业。1950年之后，经济不断地繁荣与发展，服务业等产业迅速发展，这时产业这个词语的内涵也发生了变化，不仅指物质性产品的生产，还指市场上所有相互关系的集合。在这里，不管是物质性生产行业，还是服务性行业，产业这个概念都是从生产或供给的角度来定义的。而休闲体育概念则是从个体消费角度来定义的。通过研究我们就可以发现，体育活动是人类自己用身体参与，需要借助外界条件进行服务的活动，休闲体育活动是体育活动中的一种，因此休闲体育活动也是如此。体育活动是由两种行为合成的，一是消费者自己的行为，二是自己或社会提供的作为外部条件的行为。从消费服务总体考察，人类社会存在的基本消费方式有三种类型：第一种是自己生产消费资料，自己消费；第二种是社会提供消费资料，消费者消费，即消费品的供给和消费分离；第三种是消费资料一部分由自己承担加工服务，一部分由社会提供加工服务，消费者消费。第一种方式是自给性的，即"自我服务型"消费方式，特点是每个人除了自己从事生产劳动或对生产劳动进行剥削外，还必须执行大量非生产的并且部分加入消费费用的职能；第二种方式是社会化的，特点是消费者自己承担的加工和服务全部被社会所提供的加工服务所替代；第三种方式介于自我服务和社会化之间，兼有二者的特点。消费服务由消费者个人承担还是由社会承担，各自承担多少，反映着消费方式的不同类型以及消费结构是否合理，标志着消费者自由全面发展的水平。

由于休闲活动现象包含的范围非常宽泛，所以休闲这个词语可以包含不同领域和行业的特点，只要产业内容中涉及休闲行为与休闲消费就可以将其归为休闲产业。从这个角度来讲，休闲产业是一个体系。因此，对休闲产业的界定与划分应该以系统论的思维作为方法来考察。

对休闲产业进行深入研究与探索我们就会发现，休闲产业的定义并不是统一固定的，很多学者因为认识角度的不同，所以在观点上也有很大的不同，因此在表述上也有很大的差异，下面是不同学者对休闲产业活动的观点：

美国对于休闲产业的定义还是很模糊的，大致将其定义为能给人们提供娱乐、能让人们得到消遣的产品与服务的集合，如旅游产业、服务产业等。虽然美国对休闲产业的定义是模糊的，但是美国的休闲产业还是很发达的。

日本对于休闲产业的定义，我们可以从《休闲产业界》这本书入手进行研究，这本书的作者中山裕登认为，人们生活中需要的所有产品与服务产业都属于休闲产业，他认为其中包含的类型有休闲空间产业、休闲设备产业与休闲服务产业这三种。休闲空间产业具体来说就是指高尔夫球场、保龄球馆等；休闲设备包含体育用品等；休闲服务产业具体来说就是提供信息与服务的产业。

在我国，很多学者对休闲产业抱有不同的观点。有的学者认为，休闲产业就是指人们的休闲生活、休闲行为与休闲需要的产业领域，比如旅游业、服务业等。有的学者认为，休闲娱乐产业是因为经济的繁荣与发展，人们对休闲的需求逐渐加大，为了满足人们的需求，市场开始出现提供休闲服务的综合性的产业群，并成为我国的三大产业之一。还有学者认为，休闲产业不仅仅是传统意义上的产业，它跟人们生活中的各种需求息息相关，其中主要包含旅游、娱乐、体育等产业。

将以上学者对休闲产业内涵的观点进行探索与理解，我们可以发现这些学者对于产业要遵循的规律的观点基本是相同的，总的来说其中主要包含以下四个观点：第一，认为休闲产业是因为休闲消费的需求而引发的，是以消费者为产业的对象；第二，休闲产业为人们提供休闲产品；第三，休闲产业还包含物质产品和服务产品；第四，休闲产业是一个范围广泛的产业，其中不仅包含娱乐，还包含体育与旅游等。

2.休闲产业体系构建

通过对休闲产业的内涵进行研究我们可以发现，休闲产业是一个完整的系统，是由不同产业层次结构组合而成的，进行整合我们可以发现，总体可以将其划分为休闲基础产业、休闲延伸产业和休闲支撑产业这三个层次（如图2-1-1）。

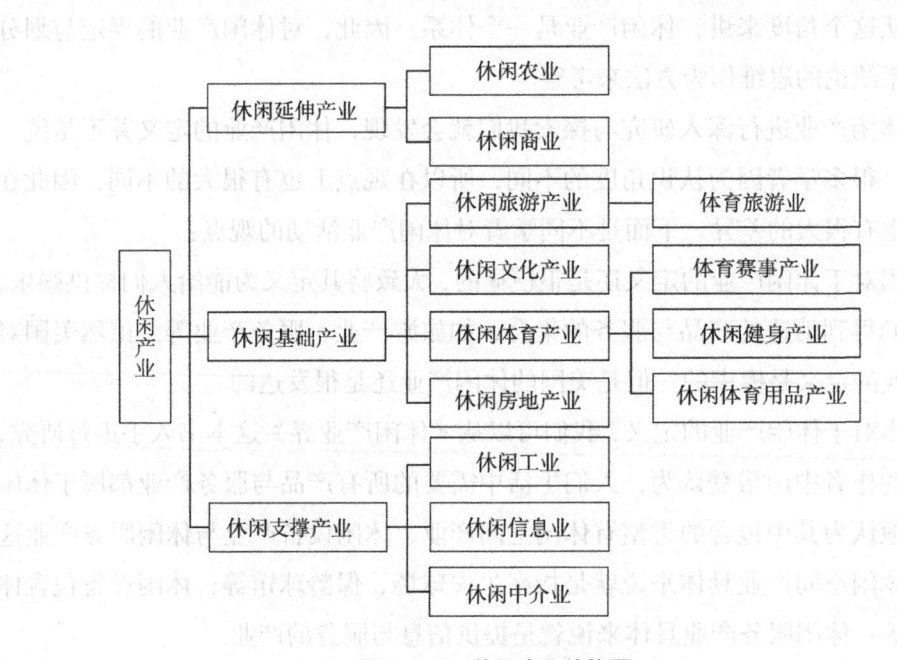

图2-1-1 休闲产业结构图

（1）休闲基础产业

对休闲基础产业进行研究我们可以发现，休闲基础产业包括旅游产业、体育产业、文化产业等，这些构成了休闲产业的主体，每一项都是休闲经济的重要组成部分。下面对这几项休闲产业进行详细的叙述：

第一，休闲旅游产业具体来说就是通过旅游的方式，满足人们日常生活中对休闲活动的需求，人们对休闲的需求包含精神需求与物质需求，旅游正好可以同时满足人们的两种需求，是人们实现休闲的重要途径。由此，我们就可以了解到旅游产业的目标就是实现休闲。

第二，休闲文化产业具体来说就是能够满足人们精神文化需求的休闲产业，其中主要包含游戏产业、娱乐产业、阅读产业等。

第三，休闲体育产业简单来说就是将休闲产业与体育产业相结合。具体来说，就是人们通过健身等体育活动来达到休闲的目的，满足自己的精神需求，休闲体育产业主要包含竞赛表演业、健身娱乐业以及休闲娱乐业。经过调查研究发现，休闲体育活动是当今人们较为喜欢的一种休闲活动，因为其有贯穿时间长、参与感强、娱乐为主的特点。

第四，除了以上三种休闲产业种类外，还有休闲房地产业，具体来说就是在建造房屋的时候除了考虑基础的因素之外，还要考虑生态系统、健身娱乐等因素，将这些因素、资源与房屋建造结合在一起，由此可以使居住者有良好的条件充分放松自我，享受休闲生活，如高尔夫地产等。

（2）休闲延伸产业

经过以上研究我们发现，休闲产业包含很多方面，主要可以分为休闲农业与休闲商业，这些产业也在不断地发展与扩大，由此休闲产业也为休闲消费不断地扩大外延。

①休闲农业

休闲农业是以农业为基础，将放松人们的心情作为活动目的的休闲活动形式。随着经济的不断发展，产业不断完善与体系化，休闲产业逐渐形成。通过对休闲农业进行仔细的观察与研究我们发现，休闲农业与传统农业存在不同，是按照一种工业化的、高科技的新形式发展的。例如，"农家乐"和水果蔬菜的采摘、观赏大棚等都是休闲农业。

②休闲商业

具体来说，就是人们日常生活中的休闲消费、休闲行为、休闲需求等。休闲对人们物质生活与精神生活的满足都是通过商业活动与商业场所等所提供的服务实现的。其中，休闲商业场所主要包括商业区（品尝美食、休息、聊天的区域）、步行街、特色消费店等内容。

（3）休闲支撑产业

要想让休闲产业得到顺利的发展，我们就需要对休闲产业中的休闲支撑产业进行发展。休闲支撑产业主要包含休闲工业、休闲信息业、休闲中介业这三种产业，下面我们将对这三种产业进行详细的阐述：

休闲工业就是指为休闲活动的顺利开展，通过现代大工业化生产技术，为休闲活动直接或间接提供服务的产业。这些为休闲活动服务的产业体系包括休闲服装产业、休闲装备产业等。

休闲信息就是为人们的休闲活动提供信息，然而这个提供信息具体来说就是为有休闲活动需求的人提供信息咨询服务与休闲活动的策划，并且这个服务是以盈利为主要目的的。在日常生活中我们经常发现，这些信息提供者主要就是对网络媒体、科学研究等方面进行关注与研究，从而更好地为休闲活动者提供服务，他们将以盈利为目的的产品与服务发展与扩展到休闲的领域，让有休闲需求的人有更好的体验，让人们的休闲需求得到满足，从而促进休闲信息产业的进步与发展。

休闲中介业具体来说，就是指为有休闲需求的人们提供中间服务的具有盈利性的行业，其中包括各种的旅行社与俱乐部。

（二）休闲体育产业内涵及体系构建

1. 休闲体育产业内涵

通过上述对休闲体育产业的论述，我们就可以发现休闲体育产业只是休闲产业中的一个重要组成部分，是休闲产业中的基础产业。因此，休闲体育产业不仅有所有休闲产业所拥有的特点，还拥有其他休闲产业与体育产业所没有的特点与内涵。所以在探讨与研究休闲体育产业的概念的时候，我们一定要把这个因素考虑到。

通过对休闲产业的内涵与体育产业自身的属性进行探索与研究我们发现，以满足人们休闲体育消费与物质需求为目的的服务组织、设施组织的集合就是休闲体育产业。换句话说，休闲体育产业就是满足人们休闲体育需要的产业。

这一概念包括以下四个含义：

第一，休闲体育消费是指人们以支付一定货币的方式来购买体育产品，从而满足自己的休闲体育需求，这个特点与体育产业的内涵核心是一致的。

第二，通过研究我们发现，体育运动是生产与提供体育产品的基本手段与方式，由此也就可以了解到休闲体育产品与普通体育产业生产是不一样的，是有其特殊属性的。

第三，休闲体育产品是专门为休闲体育消费提供的产品，由此我们就可以发现休闲体育所生产与提供的产品是有十分明确的指向性的。

第四，休闲体育产业提供的产品不仅包括休闲体育用品，还包含休闲体育服务。

2. 休闲体育产业体系构建

通过对上述休闲体育产业的内涵进行研究我们发现，休闲体育产业是体育产业的重要组成部分，其中主要包含休闲体育服务产业与休闲体育用品产业这两个部分（如图2-1-2）。

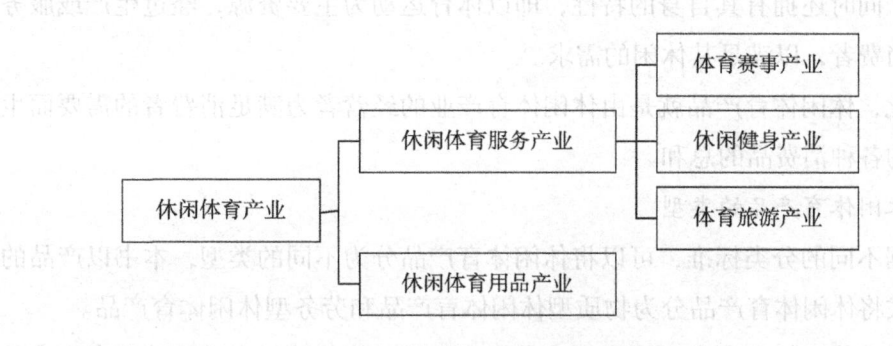

图 2-1-2 休闲体育产业结构图

具体来说，休闲体育用品产业就是为体育活动顺利开展而生产体育设施、设备与服装鞋帽等所有产业的组织集合。

休闲体育服务产业包含很多种类，其中主要包含体育赛事产业、体育健身产业和体育旅游产业。体育赛事产业具体来说就是能够满足人们休闲体育需要的和能够举办赛事等具有观赏性的产品的集合。

除了以上休闲体育产业之外，还有休闲体育健身产业，具体来说就是为人们在室内或室外提供健身产品来满足人们休闲体育需求的组织集合。

体育旅游产业是指那些为满足人们休闲体育需求提供以体育运动为主要内容的旅游产品组织的集合。

二、休闲体育产品与休闲体育消费

（一）休闲体育产品

休闲体育产业当中的企业主要的经济活动内容就是对休闲体育产品进行生产与经营，除此之外，休闲体育产业的经济活动也满足了休闲体育消费者的需求。了解休闲体育产品的性质和特征对发展休闲体育产业、开发休闲体育产品具有重要的作用。

1. 休闲体育产品的内涵

根据经济学的定义，从广泛的角度来看，任何产业的产品不仅包含物质的产品，还包含无形的劳动的产品。休闲体育产品作为产品的一种，也同样拥有这样的特点，除此之外，休闲体育产品作为休闲产品中的一个种类，还拥有休闲产品的特性，同时还拥有其自身的特性，即以体育运动为主要资源，经过生产或服务提供给消费者，以满足其休闲的需求。

因此，休闲体育产品就是由休闲体育产业的经营者为满足消费者的需要而生产出来的各种消费品的总和。

2. 休闲体育产品的类型

根据不同的分类标准，可以将休闲体育产品分为不同的类型，本书以产品的供给形式将休闲体育产品分为物质型休闲体育产品和劳务型休闲体育产品。

物质型休闲体育产品具体来说就是指那些通过物质消耗来满足消费者需求的产品，其中主要包含运动装备、运动服装等产品。

劳务型休闲体育产品是满足消费者需求的最终产品，其中主要包含以下三个方面的内容：

第一，参与型休闲体育产品，指为休闲体育消费者提供专门化的某项休闲体育服务、满足其休闲体育体验需要的劳务产品，如健身俱乐部、体育旅游、高尔夫运动等。

第二，观赏型休闲体育产品，指为休闲体育消费者提供的高水平竞赛产品，以满足消费者欣赏体育竞技需要，如英超足球联赛、西甲足球联赛等各种高水平的体育竞赛。

第三，设施服务型休闲体育产品，就是依靠体育运动的设施对休闲体育消费者提供体育运动服务，具体来说有运动场与健身房等。

3. 休闲体育产品的特性

这里所介绍的休闲体育产品的特性，主要是指满足消费者休闲体育最终需求的劳务型休闲体育产品的特性。

（1）休闲体育产品"无形"与"有神"的统一性

劳务型休闲体育产品与一般劳务产品有着共同的无形性特征，即消费者消费了劳务产品，并没有获得任何可持有物，也就是说不具有可触摸实体。劳务产品体现的是一种运动形式的使用价值，而非实物形式。

劳务型休闲体育产品既具有一般劳务型产品的无形性，又高于一般劳务型产品。绝大多数一般劳务型产品只用来满足较低层次的需求，至少不是用来满足精神需求的，如保洁服务、送货服务、零售服务等。而劳务型休闲体育产品则是满足消费者精神文化需求的。因为休闲体育消费主要是心理的、精神的需要，消费者通过消费劳务型休闲体育产品可以获得精神的愉悦和满足，如观赏体育竞赛，参与健身活动、体育旅游等。所以说，休闲体育产品是无形和有神的统一。

（2）休闲体育产品生产与消费的同时性

休闲体育产品的生产与消费是同时的，就像一般劳务产品的生产与消费一样，具体来说就是在劳务产生的开始，消费也就已经同时进行了，休闲体育的服务产品也是如此，在生产出来的同时就消费，生产结束，消费也就同时结束。

产品的生产与消费具有同时性，并不意味着产品的消费者就在生产的整体过程中。虽然生产和消费是同时进行的，但消费者并不一定在消费现场消费，消费者的消费其实只是一种服务结果而已，而非其服务的过程。也就是说，消费者不参与生产，如保洁服务、送货服务、零售服务等。

但如果是劳务型的休闲体育产品，那么消费者就必须要参与到生产过程中去，因为只有生产者与消费者进行互动，才能让休闲体育产品生产出来。由此我们可知，对于劳务型的休闲体育产品，我们需要将生产的整个过程都呈现在消费者的面前。消费者的消费过程是能动的,生产过程终结,消费者的需求也得到满足。因此,劳务型休闲体育产品充分体现了其生产与消费的同时性。

(3)休闲体育产品质量评价的"过程"与"结果"的一致性

如上所述,与一般性劳务产品相比,劳务型休闲体育产品能够充分体现生产与消费的同时性特征。对一般性的劳务产品进行研究我们会发现,一般性劳务产品的消费者更多的关注的是结果质量而不是过程质量。但是我们经过观察与研究发现,劳务性的休闲体育产品还拥有体育产品的特性,生产与消费中的结果与过程是不可分割的,所以可以说"过程"就是"结果","结果"也是"过程"。因此,消费者既关注"结果质量",也关注"过程质量"。

(4)休闲体育产品消费品与投资品的一体性

休闲体育产品除了可以满足消费者的物质需求之外,还可以满足消费者的精神文化需求,所以休闲体育产品是满足与丰富消费者精神生活的产品,有利于人的身心健康,有利于提高与发展消费者的智力与健康水平,同时还可以提高消费者的身体协调能力,最终提高人的综合素质。因此,休闲体育消费不仅能带来当前的消费效用,还能带来未来的回报。不管是从长期来看还是从短期来看,休闲体育消费都有利于人们的进步与发展。对此进一步研究,我们可以发现其中的规律与循环的过程,具体来说大概就是休闲体育消费—增进身心健康—提高人力资本水平—提高生产率—产出增加—收入增加—生活水平提高—休闲体育消费再增加。因此,从人力资本的角度看,休闲体育产品既是消费品,也可以看作投资品。

(二)休闲体育消费

休闲体育消费是一种高质量的生活方式与消费,休闲体育消费是个人生活消费的一部分,更是现代生活消费中不可缺少的一部分。因此,人们休闲体育消费水平的高低,可从侧面反映出人们的生活消费水平和生活质量,是衡量经济与社会发展水平的标尺。休闲体育消费也是休闲体育产业存在和发展的前提条件。

1.休闲体育消费的概念与分类

(1)休闲体育消费的概念

在日常生活中我们可以发现,消费是人类日常生活中一项必不可少的活动,是经济生活中重要的行为与过程。对人们的消费进行归纳整理,我们发现人们的消费主要包含生产消费与生活消费，休闲体育的消费属于生活消费，另外，还发现休闲体育消费只是体育消费的一个分支。

从本质上观察消费与生产的关系我们发现，消费可以促进生产，对于休闲体育活动也是如此，具体来说就是休闲体育消费的规模结构以及质量等方面，能够决定休闲体育产业生产的规模、结构质量与效应。可以说，研究休闲体育消费对于推动休闲体育产业的发展有着重要的理论意义和现实意义。

从经济学角度来看，休闲体育消费就是消费者用一定的货币来购买休闲体育产品的行为。这一定义主要强调三个方面产品：第一，强调其经济行为。休闲体育消费者通过支出一定货币，购买休闲体育效用。第二，强调其产品特性。休闲体育消费客体具有休闲体育产品的特性。第三，强调其终极目标。休闲体育消费最终目标是满足人们的休闲体育需求。

（2）休闲体育消费的分类

①观赏型休闲体育消费

观赏型休闲体育消费是指人们用货币购买各种体育赛事的观看权（如入场券及门票等），通过观看和欣赏达到精神愉悦目的等各类消费行为。如通过现场和有线电视等观看各种体育竞赛和体育表演等。

②参与型休闲体育消费

参与型休闲体育消费是指人们用货币购买参加休闲体育活动的权利、享受相应休闲体育服务的消费行为。参与型休闲体育消费是休闲体育消费的核心内容，也是最能反映休闲体育消费特征的一类消费。包括户内外的休闲体育健身消费和休闲体育旅游消费等。

2.休闲体育消费的特征

休闲体育消费与休闲消费具有共同的特征，即以充足的时间为前提、以较高的收入水平为基础、以满足享受和发展为主要目的、以体现消费者的个性和风采为主要特征。休闲体育消费的特征具体表现为以下几个方面：

（1）很强的消费自由性

休闲体育的消费具有鲜明的特征，即"自由"。这里的"自由"包括两个含义：其一，人们在自由时间里消费；其二，人们自由选择喜好的产品来消费。休闲体育的特征在于能够自由地进行选择。

（2）很强的消费技能性

休闲体育消费是一种技能性消费，消费者必须具有一定水平的消费技能。因此，休闲体育消费能力属于特殊消费能力。在物质消费活动中，一般说来只要拥有一般消费能力，就能消费。这是因为最基本的物质消费是人的本能，是人所具有的一般能力的体现。但是休闲体育消费不同，它具有很高的消费能力的要求，即必须具备与休闲体育消费相适应的知识、经验和技能。一个想要得到休闲体育享受的人，他本身必须是一个有一定体育素养的人。例如，你想要从观看一场高水平的足球比赛中得到享受，就必须对足球的训练和竞赛知识，尤其是裁判规则有相当的了解。另外，由于休闲体育消费能力不同，即使是相同的消费对象也会表现出很大差距，这说明体育消费具有明显的层次性。休闲体育的技能水平与消费效用有着密切的关联。即休闲体育的技能越高，对体育项目理解越深刻，对休闲体育带来的感受也越充分，反之亦然。在现实生活中，我们经常会发现很多人因为受消费技能的制约而不能消费他们所喜爱的休闲体育产品。

（3）很强的消费体验性

任何消费都带有体验的特征，但与一般产品不同的是，休闲体育消费体验的过程更长。一般产品的消费体验只限于产品的消费期间，而在消费之前或之后，消费者一般不能体验，即使有体验也只有较弱的体验。而休闲体育消费则不同，消费体验既可能出现在消费之前，也可能延续到消费结束之后。也就是说，人们在享受休闲体育产品时，其体验在准备阶段就开始了，而消费结束后，仍然可以回味休闲体育带来的体验。因为，消费一般产品更多的是感受消费结果，而休闲体育消费将体验消费的全过程，甚至在消费结束后还将延续一段时间。如看一场精彩的体育比赛，在赛前由于接收到种种信息就可能产生兴奋感，当比赛结束后，赛场上运动员高超的技艺、默契的战术配合等精彩场面都会给人留下难忘的印象。

（4）很强的消费正外部性

科学的、健康的休闲体育消费方式有很强的正外部性。休闲体育消费是人类社会发展到一定阶段的产物，是有利于人类生存和发展的有效手段，也是社会文明程度的重要标志之一。因此，休闲体育消费带来的正外部性是多方面的。如通过休闲体育消费可以提高人们的身心健康水平，从而提高工作效率，降低个人和社会的医疗成本；提高国民素质和文化修养；舒缓消费者心理压力，调节情绪；促进家庭、单位和社会的和谐等。

3. 休闲体育消费的动机与行为

消费者的休闲体育消费行为出自一定的动机，而休闲体育消费动机来自消费者自身的休闲体育需要和外在环境的培养。只有当消费者有了某种休闲体育需要并期望得到满足时，才会产生消费动机，并进而转化为消费行为。不同性别、年龄、文化、职业、收入的人，他们的休闲体育消费动机有一定的差异。

（1）休闲体育消费动机

休闲体育消费动机是指休闲体育消费行为所要达到的目标，即休闲体育消费的预期目标。我国消费者的休闲体育消费目的主要包括以下六种：

第一，健身健美、增进健康的目的，是指消费者为了达到健身、健美的目的进行休闲体育消费。

第二，调节身心、恢复机能的目的，是指消费者为了恢复机体功能、促进健康而进行休闲体育消费。

第三，满足兴趣、修身养性的目的，是指消费者为了满足自身兴趣爱好、提高修养和品位而进行休闲体育消费。

第四，观赏竞赛、消遣娱乐的目的，是指消费者为了消遣娱乐而观赏高水平竞技体育比赛的消费。

第五，社会交往、实现自尊的目的，是指消费者为了提高自身能力，或为了交际、丰富生活等目的进行休闲体育消费。

第六，寻求刺激、自我实现的目的，是指消费者为了追求一种自我实现和心理刺激而进行风险比较大的户外探险运动的消费。

（2）休闲体育消费行为

休闲体育消费行为是消费者行为的一种表现，休闲体育消费行为与购买休闲体育产品和服务有直接的关系。如果把休闲体育看作一种现象的话，休闲体育消费行为即是休闲体育主体与影响它的所有变量之间的相互作用的结果。因此，可以将休闲体育消费行为定义为：休闲体育参与主体在个人可自由支配时间里，为满足休闲体育需要而自发地购买休闲体育产品的行为过程。休闲体育消费行为在本质上是由动机引发的，但这种动机的产生也是来自长期意愿的积累和生活的计划。

休闲体育消费行为既是休闲体育主体的主观行为，又是休闲体育主体与休闲体育客体、休闲体育媒体之间互相作用的行为。总之，休闲体育消费行为是满足休闲体育需要的目标导向性行动，是满足休闲体育需要的一种艺术与科学。

休闲体育消费行为具有如下七个特点：

第一，休闲体育消费行为是消费者自由选择的结果，是人们的自发性行为。

第二，休闲体育消费行为是由动机引起的，需要金钱或时间等个人条件以及客体等诱因。

第三，休闲体育消费行为与人们需要的健康、兴趣、休息、心情、自我启发、社会成就、社会交往等有着密切关系。

第四，不同的休闲体育行为带来的满足程度可能不同，受休闲体育客体质量和休闲体育产业服务水平的影响。

第五，休闲体育消费行为是一种人的空间移动，休闲体育消费者必须亲自接近休闲体育资源或体育设施。

第六，休闲体育消费行为是人们在休闲体育时间中所经历的一系列过程。

第七，休闲体育消费行为的内容和形式具有动态性。随着外部环境和内部环境的不断变化，休闲体育消费行为也不断发生变化。

第二节　休闲体育产业的经营与管理

一、休闲体育产业的经营

（一）休闲体育产业经营项目的确定

现代休闲体育企业或酒店休闲体育中心选择和确定休闲体育项目是开展一切工作的基础，只有大体选定经营项目才能有针对性地进行市场调查，做投资可行性分析，然后确定经营项目。只有确定了经营项目，才能做好筹备工作，也才能有针对性地进行广告宣传以及内部的组织设计、制定管理职责和员工岗位责任制。

能否确定好休闲体育项目是投资成功与否的关键因素。符合本地市场需求的休闲体育项目会及时收回投资，然后扩大经营项目，在市场竞争中处于主动地位，反之一个过时或超前的、不符合本地区、本酒店顾客需求的经营项目，会造成投资难以收回，给企业经营带来困难。

1. 确定经营项目的指导原则

现代休闲体育项目种类繁多，市场竞争激烈，确定经营项目既有风险又有难度。所以，确定休闲体育的经营项目要遵循一定的原则，才能确定合理的项目。

（1）满足客人合理需求原则

①满足基本需求原则

企业或酒店休闲体育中心选定经营项目要满足客人的身心需求，即确定项目能受到客人欢迎。

②满足层次需求原则

企业或酒店休闲体育中心选定项目的价格、文化层次要能让客人接受。

③满足综合需求原则

企业或酒店休闲体育中心选择的项目要同时满足客人多种需求，如水上乐园除满足客人戏水需求外，还要提供适当的餐饮项目来满足顾客的餐饮需求。

（2）追求特色原则

休闲体育企业或酒店休闲体育中心确定的项目要在本地区有独特风格以吸引客人，增强竞争能力。如设立一项或几项独特的休闲体育项目，兼经营其他企业已有的项目，显示出本企业或中心的优势和吸引力。

（3）发挥优势原则

任何企业都有自己的优势，有的体现在规模大上、有的体现在项目多与全上，有的收费低廉，有的服务细致周到，有的利用本地面积优势，有的体现设备现代化优势。休闲体育企业在考虑前两项原则的同时，必须发挥自己的优势，取长补短，不能仅追随潮流。

（4）适应社会发展趋势原则

现代休闲体育企业或酒店休闲体育中心在选择一个项目时，要考虑这个项目是否是新兴的，还是将要兴起的，或者正在时兴的，然后再决定是否选择。如果是新兴的，经营效果会好，会很快收回投资；如果是将要兴起的，需要一段开拓市场的时间，前景非常广阔，长期利润会很可观；如果是正在时兴的，当项目开业时，市场已经饱和，对收回投资很不利。所以，一定要考虑项目的发展趋势。

（5）坚持社会效益与经济效益相结合原则

选择休闲体育项目时，还要看这个项目对社会造成的影响如何，是否能丰富人们的文化生活，是否有利于人们的身心健康，是否为社会、为本地区带来良好的社会风气，所以在考虑完社会效益之后，才能考虑经济效益。因为在日常生活中进行观察我们就会发现，当没有很好的社会效益时候，经济效益就不能很好地发挥出来；当没有经济效益的时候，社会效益也就无法很好地展现出来。因此，当今时代的企业与组织在设置与发展休闲体育项目的时候，不仅要考虑经济因素，同时还要考虑到社会因素。

2. 确定经营项目的方法与程序

（1）研究项目投资的可行性

具体来说，就是研究当地消费者的消费潜力。消费潜力包括收入水平、消费水平、消费观念、消费时间。

①收入水平

掌握本地区或本酒店客人的年均或人均收入额。例如，本地区人月均收入2000元以上，基本生活消费费用为800元。那么，这个地区在收入水平上存在着很大的休闲体育消费潜力。

②消费水平

掌握本地区或本酒店客人的人均消费额。例如，住在本酒店的客人以华侨为主，他们从国外回国，人均费用每天为1000元，则消费水平每天为1000元。再如，本地区人均消费为400元的有10万人，那么本地区具有较高消费水平的潜力就是10万人。

值得一提的是，消费水平与收入水平不一定成正比，有些人收入水平不高，但消费水平很高；有些人收入水平很高，但消费水平不高。这里面有消费观念、消费时间或其他原因。

③消费观念

这是指人们对某个消费项目的看法，即认为在这个项目上花费金钱与时间是否值得。如一些人对高尔夫球、网球、保龄球等感兴趣，而一些人则对戏水、健身等感兴趣。

④消费时间

这是指人们消费某一项目应具备的合理时间。有的人以上三项都具备,但没有时间去消费。现在我国实行了双休日,为休闲体育消费提供了消费时间,休闲体育经营者要充分把握这一点,开发适宜的休闲体育项目。

总之,确定经营项目的第一步要从以上四项去分析和研究客人的消费潜力。

(2) 了解分析本企业的优势

本企业的优势体现在资源优势、资金优势、人力资源优势三个方面。

①资源优势

这是指本企业具有的硬件优势,如土地面积、水资源、山地资源等。

②资金优势

这是指本企业拥有足够的资金投资建立某些高档独特的经营项目。如有足够的资金去购买最优越的地理位置或最新的休闲体育设备、设施等。

③人力资源优势

这是指企业拥有一支智慧型的或能力型的人才队伍,能靠智慧利用企业资源创造最大优势。如有的休闲体育企业由于在经营管理上运用独到的思维所创造了一些项目,既避免了劣势,又突出了优势,投资最小,见效最大。以上三种优势是互相依赖的,但最关键的还是人力资源优势,休闲体育企业应给予充分的重视。

(3) 了解客人的需求导向

了解本地区或本酒店的客人对哪些休闲体育项目感兴趣,对各个项目的消费能力有多大。例如,本地区大众对戏水感兴趣,消费能力单项每人每次为 30 元。有部分人则对健身运动感兴趣,每次消费为人均 50 元。一些外商包括港澳同胞对高尔夫球、保龄球等活动感兴趣,每次消费为人均 300 元。有些少年儿童对电子游戏感兴趣,每人每次消费 5~10 元。这种消费倾向的了解和消费潜力的测算,对选择和确定休闲体育企业或酒店休闲体育中心的经营项目具有十分重要的作用。

与此同时,最好还能掌握每个消费层次占整个地区人数的现有比例和发展比例,以便为经营项目的确定提供更精确的依据。

(4) 了解市场占有率

这是在以上三项工作基础上,了解已开业或正在建设中的休闲体育企业与酒店休闲体育中心各个消费群体的市场占有率。例如,本地区每年接待外商及宾客

50万人次，人均停留10天以上，其中60%的外商及宾客每周有打高尔夫球的习惯，已有的两个高尔夫球场接待能力为15万人，则还有15万人的市场潜力，则本企业可能有50%的市场占有率，这说明选定高尔夫球项目是可行的。

（5）选定主营项目

根据本企业优势和了解的市场占有率，将市场占有潜力最大的项目确定为主营项目。如以健身项目为主营项目、以休闲项目为主营项目、以娱乐项目为主营项目等。

（6）发挥综合优势

有的企业没有明显的主营项目，以大而全或小而全为特色确定经营项目，以发挥综合优势。

（7）确定配套项目

在休闲体育企业或酒店休闲体育中心的主营项目确定以后，设计安排相应的配套项目是必不可少的。在确定配套项目时，既要考虑为客人提供服务功能的完整性，又要考虑与主营项目的一致性。

（二）休闲体育产业经营服务流程设计

确立了本企业或中心的经营项目，就要把每个服务项目或多个服务项目以良好的程序提供给客人，这样才能便于严格管理，又方便客人，既提高效率，又降低费用。所以，服务流程设计是休闲体育企业或中心各项设计中不可缺少的一项，必须给予高度重视。现代休闲体育企业或酒店休闲体育中心因其自身的特殊性，不能仅仅照抄照搬一些现成的企业或中心的流程，而必须结合本企业或中心的具体项目和经营特点设计。下面我们提供一些设计的原则、方法和实例，供经营管理者参考。

1. 休闲体育经营服务流程设计的原则

（1）方便顾客的原则

任何一项服务首先要考虑满足顾客的各种需求。顾客消费服务项目，乐趣在项目活动上，如果在使用项目前后需履行各种繁杂的手续，虽然方便了经营单位，但可能会遭到客人的反感。所以，要设计科学合理的办理手续程序，尽量减少客人办理手续的时间。

（2）程序简化与高效率原则

服务流程设计在方便顾客的同时，也要给服务人员减少不必要的程序，达到高效率的效果，从而提高服务质量，减少劳动力成本。

（3）便于控制监督的原则

休闲体育服务项目多，环节也多，在保证方便顾客和减少程序的同时，又要使各个环节程序相互监督，便于管理者进行控制。否则会出现环节漏洞，既造成休闲体育企业或酒店的经济损失，损坏企业形象，又不利于考核员工的绩效。所以，在设计服务流程时，要想到控制监督的作用。

（4）便于电脑运用的原则

现代休闲体育是时代进步与发展的产物，不仅设备、环境要现代化，管理也要现代化。休闲体育经营服务流程各个环节的各种数据、信息沟通、数据汇总，都可以利用电脑进行。如果企业暂时不具备使用电脑的条件，在设计服务流程时也应考虑电脑运用的问题，为今后应用电脑打下基础。

2. 休闲体育经营服务流程设计的方法

（1）明确本企业的经营项目与特点

是指设计服务流程前要根据本企业的各种经营项目、同一经营项目的消费档次、本企业的环境特点（空间隔断、人行路段、设施限制等）等因素考虑每个服务项目流程。例如，有的休闲体育企业推行会员制或贵宾卡，会员每次到本企业消费的固定项目，都会配有免费供应的固定品种和一定数量的饮料。那么，消费固定项目时只需签一次字就可完成客人的需要。

休闲体育企业的有些项目设施距离较远，如吧台提供饮料距离客人饮用的休息区有一定距离，或者因为吧台面积较小，提供冷冻饮料的能力有限，就可以在其他服务项目现场提供小冷柜，事先放入各种饮料。如果服务项目是单间形式，只需在最后记一次账即可，不必取一次饮料计一次账。

（2）设计多种服务流程方案

这项工作可以在调查其他休闲体育企业或酒店休闲体育中心的基础上进行，召集有关专家和有关人员提出自己的想法，对不切实际的想法当场否定，将可行的方案进行总结分析，提出几种可行的流程设计方案。如：方案一，客人到本休

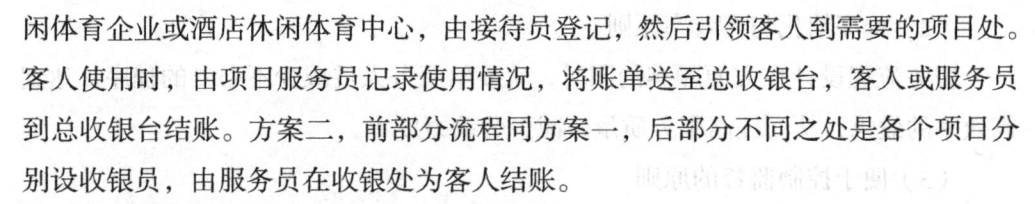

闲体育企业或酒店休闲体育中心，由接待员登记，然后引领客人到需要的项目处。客人使用时，由项目服务员记录使用情况，将账单送至总收银台，客人或服务员到总收银台结账。方案二，前部分流程同方案一，后部分不同之处是各个项目分别设收银员，由服务员在收银处为客人结账。

（3）选定一个合理的流程方案

将各种设计流程方案分别做评估，选择最合乎本休闲体育企业或酒店休闲体育中心实际的、又不违反设计原则的方案，再进行优化、简化，产生最可行的流程。如：上面的方案，如果是规模小、路线短、设施集中的就可选定方案一；如果是规模大、路线长、设施分散的就可以选定方案二。

（4）不同消费形式，设计不同手续制度

客人在消费同一项或多个项目时，会有多种形式，应根据不同形式采取不同手续制度。如：零散单项消费、零散多项消费、会员消费、零散优惠消费、团体消费、不同付款方式的消费等，各种消费形式在某些环节有所区别，一定要设计出不同的手续制度。

（5）设计各种科学严密的表格

现代休闲体育企业或酒店休闲体育中心的服务流程产生的经济效益主要体现在财务上，通常会运用表格来表现。表格设计得是否严密合理，关系到经营效果的好坏。经营效果要靠监督才能保证，管理者监督经营效果的主要依据是各种表格所提供的信息。所以，设计的各种表格既要方便服务流程，又要为财务和监督者提供便利。

（6）模拟实施服务流程

将设计好的服务流程及各种表格教会部分员工，一部分员工扮成客人，模拟实施服务流程，然后观察这种流程的利弊，分析比较，再优化服务流程，从此完成了一个服务流程设计的循环。

值得一提的是，一个优秀的服务流程不是永恒的，可以根据环境变化、客人要求等因素不断进行调整和优化。

二、休闲体育产业的管理

（一）现代休闲体育企业的管理

1. 现代休闲体育企业管理的基本原则

休闲体育企业同其他行业的企业一样，既有共性管理原则，又有个性管理原则。运用现代管理思想与方法来为企业的发展进行规划的方式方法就是现代休闲体育企业管理的原则，这样可以在企业进行统一的规划与管理的同时，还可以促进企业经济利益与长远利益的发展。另外，在处理一些具体的、特殊的情况的时候，我们还要坚持灵活性与参与性相结合的原则，这样才可以让企业有稳固的运行机制，从而让企业拥有适应环境的灵活性，进而让企业在激烈的市场竞争中长期健康发展。

（1）坚持计划管理与灵活性管理相结合的原则

在确定好一项管理的目标与任务之后我们需要进行计划管理，具体来说，就是在已经确定好某项工作之后，我们还需要对这项工作是谁去做以及怎么去做进行规定，将任务进行规划与设计，对这些计划进行选择，选出最优秀与最合适的计划，然后将任务落实到具体的部门、具体的时间以及具体的人身上。那么对于休闲体育企业也应该使用这种方法，在确定好目标之后，我们需要将整个任务计划转化成年月日等各个阶段计划，让任务有计划地完成。

对计划进行研究我们可以发现，计划有长期、中期与短期之分，除此之外，还有外部计划与内部计划之间的划分，长期计划与短期计划之间不是孤立存在的，而是彼此联系的。具体来说，长期计划是短期计划的指南，短期计划是长期计划中的一个环节。因此一个企业的管理者要有远大的格局，对企业的发展制定一个长期的目标，然后基层的管理者将这个长期的目标进行分解，划分成一个个的短期目标。例如，某城市唯一的高尔夫球俱乐部长期计划五年收回总投资 3000 万元人民币，计划第一年收回总投资的 10%，即 300 万元人民币。如何完成第一年的计划呢？这就需要做若干项详细的短期计划。人事培训部要做好人才招聘、培训和合理使用人才的计划，以保证企业正常运转；公关部门要做树立企业良好形象、市场调查、客户管理、广告宣传、促销等计划，以保证企业客源渠道畅通；

经营部门要制定合理价格、制定营业目标、成本费用标准等，从而保证企业利润的实现。

在日常的企业管理中我们发现，在实施一些长期的计划时，我们会因为一些无法预料的问题与情况阻碍计划的进行。因此，对于休闲体育产业的企业来说，除了要坚持计划管理，还要坚持对计划实施的灵活性调整，然而计划的灵活性就是在实现企业总体目标的前提下，根据事情的实际情况对计划进行灵活的变通与实施，因为在制订计划的时候我们对未来的预测可能是不准确的，所以在计划实施过程当中，我们需要对计划根据实际的情况进行灵活的处理。但是在实施的过程当中我们需要注意的是，对计划进行灵活运用的次数要进行控制，不能经常使用，否则就会对长期的计划造成影响，反而对于那些反复出现的现象，我们就需要严格按照计划实施。举例来说，某高尔夫球俱乐部进行仔细市场调查与探索之后，得出两个方面的调查结果：第一，当前高尔夫球俱乐部的设施面积还无法满足人们对高尔夫球的需求；第二，本高尔夫球俱乐部发行的会员证，在市内已经被炒至若干倍的价格。那么，原有的定价还能执行吗？是全面调整，还是部分变动？这就需要灵活掌握，由于高尔夫球设施供不应求，为此，俱乐部决定调高消费价格，但不久又有其他形式（如高尔夫球模拟练习场）或新的高尔夫球俱乐部诞生，则高尔夫球俱乐部的客源就必然会减少，有的客人会提出降价要求，这时就应运用灵活性原则来处理。

总而言之，在进行休闲体育企业管理的时候，我们要坚持计划管理与灵活管理相结合的原则，这样才能让企业稳定地运行，在实现经济效益的同时还能实现社会效益。

（2）坚持以人为中心的管理原则

随着时代的进步与发展，以人为本，已经成为人们进行管理的主要方式与原则，现代休闲体育企业的管理与其他企业的管理是相同的，都是通过人来进行的管理，对休闲体育企业进行深入的研究与管理时我们发现，休闲体育企业的经营是让一些服务员借助一定的体育设施设备对消费者进行有偿的休闲体育服务，以此来满足休闲体育消费者的需求。由此我们就可以发现，休闲体育企业的服务人员对休闲体育企业有十分重要的作用，具体来说，这些人员的工作情绪、工作能力以及服务的态度都会直接影响到休闲体育企业的经营质量与效果，从而影响到企业自身的经济效益与社会效益。通过以上论述，我们也可以深刻地认识到在对休闲体育的企业进行管理的时候，一定要坚持以人为本的原则，只有坚持以人为本，才能为企业实现总体目标提供保证。

以人为本的核心就是坚持以人为中心，然而以人为中心主要包含两个方面的内容：第一，就是在进行企业管理的时候要以激发员工工作的积极性为中心；第二，就是以提高与发挥员工的聪明才智为中心。那么如何才能有效激励员工的积极性呢？首先就是要深入了解与探索员工的需求，同时我们还要注意不同的员工拥有不同的需求，比如，有的员工想在工作当中提高自己，学习休闲体育的管理知识，所以对于这种员工我们要让员工多接触这方面的内容，来满足他们的需求，对于其他员工也是如此，尽量满足他们的需求，由此提高他们对工作的积极性，从而提高他们的工作效率。

休闲体育企业要想坚持以人为本的管理原则，主要就是要做到以下五点内容：

第一，就是要提高职工的满意度。在当今时代，对企业的管理根本上就是对人的管理，只有在管理员工的时候充分地尊重与重视员工，积极与努力地满足员工的需求，才能让员工积极投入到企业的生产与经营当中，从而提高企业的经济效益与社会效益。

第二，在进行企业管理的时候，我们还要关注到企业当中的人际关系的管理，让人们的情感信息在企业内部传递得畅通无阻。

第三，让员工积极参与到管理之中。

第四，为员工提供良好的工作环境，这样可以提高员工的创造性与工作的积极性，从而可以积极地、创新地开展工作。

第五，除了以上四点关注员工本身之外，我们还要加强企业的文化建设，通过研究发现，人是极为复杂的，除了物质可以激发员工的积极性之外，还可以在精神文化方面激发员工的积极性，文化可以在潜移默化当中对员工内心的想法进行渗透，从而让员工从内心认可后过渡到行动，积极地将自己投入企业的生产当中，促进企业的发展与进步，进而自己的人生目标也得以实现。

（3）加强经济核算的原则

任何企业的首要任务都是提高经济效益，休闲体育企业也是如此。管理的目的就是为企业创造出最高的经济利润，然而，最高的经济利润是通过最高营业额与最低经营成本创造出来的。因此，在进行企业管理的时候我们要提高经济的核算能力，在降低经营成本的同时努力提高企业营业额，从而实现企业利润最大化。

那么如何加强经济核算呢？首先我们就要先做到制定严格与科学的经济核算制度，其次我们还要做到在完善数量指标的同时重视质量的指标。具体来说，需要做到以下四点：

第一，完善与加强核算当中的基础工作，具体来说就是完善工作定额、原始记录与原始凭证的管理制度与标准。比如要对消费者的所有消费项目进行详细的记录，因为只有这样才能让企业十分清晰明了自己的经营状况，为详细与科学的经济核算打下基础，让经济核算有理有据。

第二，建立完善的部门核算制度与部门经营经济分析制度。通过对企业的经营进行观察我们可以发现，当企业的某项经济内容增多的时候，其他的经济活动项目的收入就会相应的减少，所以就需要专门的经济活动分析部门对经济活动进行科学的分析与研究，找出原因，从各个方面改善与改进工作。例如，一个娱乐场所开业一年后，各部门费用核算结果是公关销售部最低，而且低于其他同类娱乐企业，其他部门费用不低于其他同类娱乐企业的同类部门，而本企业的营业额却远远低于其他娱乐企业的同类部门。经过分部门经济活动分析表明，公关部人员过少，只有一人，而且没有大型的有影响力的公关活动，所以，费用也极少，相应的客源不多，其他盈利部门营业额就低。由于接待客人少，加之经营初期管理不善，部分员工及家属来免费使用企业设施过多，造成费用增加。

总体来说，建立经济核算部门与经济活动的分析部门可以有效地发现问题，从而及时地解决问题，促进企业的经济效益。

第三，对资金与费用加强管理，严格遵守国家的经济法律制度。休闲体育企业作为国家经济市场当中一个经济细胞，要想正常合理地进步与发展，就需要严格遵守国家制定的经济制度，接受国家法律的管理与保护。不严格遵守国家的法律政策的企业就不会长远发展，甚至还会走向灭亡。通过观察我们发现，休闲体育产品大多都是以服务的形式出现，而且多以零售服务为主，因此休闲体育企业的经济活动大多都需要大量的资金。由此，如果不加强基金与费用的管理，企业很容易出现资金上的问题，损失企业的经济利润，长期发展下去就会让企业产生亏损，严重时甚至导致企业倒闭。

第四，对企业的长期目标进行分解，具体来说就是将企业的大的目标进行分解与具体化，然后分到各个部门、个人等，这样就可以让企业的管理更加有效与具体，从而促进企业实现最高的利润。例如：一个以健体休闲项目为主的企业，附设其他如餐饮、美容等项目，健体休闲项目从投资额和占地面积均占整个投资与面积的90%，所以，每年的健体休闲业务部门要承担全年利润的90%甚至全部，餐饮、美容等附属部门只作为完善整个企业的项目存在，收支平衡即可。所以，企业要将利润指标进行细化分到各个部门，落实到个人，从而可以有效促进经济利润的实现效率。

由此可见，休闲体育企业加强经济核算是完成企业任务所必不可少的，它是以人为中心管理原则的基础。

2. 现代休闲体育企业管理的基本方法

现代休闲体育企业的管理方法是管理原则的具体运用，休闲体育企业管理者要准确把握并灵活运用现代休闲体育企业的各种管理方法与原则，随着时代的进步与发展，对休闲体育企业的管理方法有很多种，下面将对经常使用的企业管理方法进行详细的阐述：

（1）目标管理的方法

对事先设定的目标进行管理就是目标管理，只有做好以下三点才可以将目标管理这一方法运用好。

第一，制定科学合理的目标，在日常生活中我们可以发现，不同的时期拥有不同的经济状况。对休闲体育的企业来说，在企业的不同时期与层次都要制定不同的企业目标，对企业不同的管理者也要制定不同的目标。具体来说，休闲体育企业的高层管理者就要制定企业长远的目标，比如企业最终要实现的目标，对企业当中的基层管理者就需要将企业当中各个阶段的工作目标与计划进行制定，比如对员工的考勤管理等。基层管理者还要注意的是，所制定的制度与政策，企业的员工是否能够接受，是否可以激发员工的工作积极性、提高工作效率、促进企业发展。

第二，就是要将制定的目标以各种形式传递给下属，让他们能够很容易理解与了解休闲体育企业远期和近期目标以及目标制定的要求，从而可以将政策有效的实施下去。

第三，就是要将目标管理工作落到实处，在以上要点的基础上，把政策与制度落实到位，而不是只流于表面。

（2）标准化管理的方法

休闲体育企业与其他的一般的企业不同，是"我为消费者提供服务"的企业，但是服务这项工作并不好量化与管理，所以需要制定标准的服务量化制度，将工作程序化与标准化。在日常生活中可以让每一个服务的员工随身携带一个员工量化手册，在平时可以利用细小的时间检查自己的工作状态与任务的完成情况。具体来说就是检查自己是否达到了规定的服务标准，检查自己是否已经拥有承担该项任务的能力。在实际的经营管理中，企业需要求每一个员工都严格按照所制定的规章制度工作。

（3）统一领导的管理方法

在进行企业管理时，对企业的制度我们要进行统一的管理与实施，如果有员工在执行政策的时候与企业的政策是违背的就一定会影响企业发展。对休闲体育企业来说，也是如此，需要在企业制定统一与完整的规章制度与服务标准，与此同时，企业当中的各管理者都要严格按照制度当中所规定的标准去工作，服从企业的统一领导，严格控制生产的成本，按照企业的实际经营状况对企业进行发展，不断完善设备。另外，企业的领导班子与员工的决议、行为要一致，具有同一性。

（4）重视人才和智力投资的管理方法

现代很多企业的成功都是因为拥有高质量的人才对企业的经营与管理进行指导。休闲体育企业也应如此，要想在众多同类型的企业当中脱颖而出，除了对服务质量、管理水平、市场客源等方面进行竞争之外，最根本的还是人才方面的竞争与管理以及企业员工的素质水平的竞争。

在日常的经营中我们就能发现，人才是企业的支柱，只要有优秀的人才，就能有良好的管理水平、良好的服务质量、良好的竞争资本。由此就可以知道人才是企业发展的支柱，休闲体育企业依靠人可以获得很多宝贵的资源，让企业稳步前进。

（5）通过顾客监督和评价企业服务质量的管理方法

休闲体育企业应制定一份详细的顾客评定休闲体育企业服务质量调查表，让消费者对企业的服务进行评价，这样企业就可以详细地了解到当前的服务状况与不足，就可以及时并且有针对性对服务进行改进与完善。

（6）全员参与管理的方法

研究发现，当一个人参与到某一集体或组织的管理与经营当中时，人们就会很容易理解组织的决定并将其很好的落实与实施。因此，对休闲体育进行管理时我们应该让员工充分的参与其中，让员工对企业当前出现的问题建言献策，发挥员工自身的创造力，这样员工不仅能够很容易理解企业的制度与政策，还可以将其进行认真的落实，从而让企业获得最大的经济效益与发展。

（二）现代休闲体育企业设备和设施的管理

1. 现代休闲体育企业设备和设施管理的概念及特点

（1）休闲体育企业设备和设施管理的概念

要想对休闲体育企业的设备和设施进行管理，我们首先要了解一下什么是休闲体育的设备与设施。具体来说，就是企业的员工借助进行休闲体育服务活动的物资设备或者物质资料。简单来说就是借助物资设备获得休闲体育的有形产品与无形产品。

随着时代的进步与发展，休闲体育的设施日趋完善，开始向多样化的方向发展，当前休闲体育企业当中对设施设备的投资比例，一般约占总投资的三分之一，休闲体育企业对设备的依赖程度也越来越大。因此，大型休闲体育企业必须设立专门负责设备管理的工程部。

然而对休闲体育设备管理就是对设备的运动形态与效用的发挥进行管理，具体来说就是对设备的选择、购买、维修与保养进行管理。

休闲体育的设施与设备是休闲体育企业管理的重要组成部分。因此，休闲体育设备管理的好坏，对休闲体育企业的发展有十分重要的影响。具体来说体现在以下六个方面：

①提高服务质量

休闲体育企业是为消费者提供服务的企业，所以休闲体育设施与设备的豪华程度与服务质量决定着休闲体育企业的服务质量。由此，我们就可以知道只有制作与研发休闲与设备的企业提高科学技术，积极研发出豪华舒适与高级的休闲体育设备，才能从根本上提高对消费者的服务质量。设计与研发这些设备的部门是工程部门，但工程部门是不在服务一线的，有时无法直接知道消费者最真实的需求，所以工程部门经常的进行市场调查，从而从根本上提高休闲体育企业的服务质量。

②制定合理的销售价格

任何产品的销售都需要制定售价，只有产品的售价与消费者获得的服务是匹配的，才能让休闲体育企业繁荣发展。完美的服务加上设施设备完美的功能，才能够以高的价格出售服务。

③保证休闲体育企业的安全

休闲体育企业应尽一切可能，使客人获得安全感。休闲体育企业的安全设备如监控视频、消防设施、防盗系统等工作都应绝对可靠。例如消防系统，绝不能在应急时失灵，延误了救火时间，使休闲体育企业人、财、物遭受损失。

④增加休闲体育企业利润

研究发现，工程的维修与能源的消耗是当前休闲体育项目中主要的开支项目，对国际数据进行统计我们就会发现，一般情况下使用在休闲体育设备上的费用，约占总营业额的10%。工程设备运行、维护费用的节约，直接使成本降低，利润增加。同时，休闲体育企业出售的产品，均不可"储存"。如果维修不及时，也必然影响出租率。

⑤提高工作效率

休闲体育企业具有多种提高办事效率的设备，如计算机、复印机、电话、电传等。这些设备管理，除影响对客人的服务外，也将影响整个休闲体育企业的管理效率。

⑥保障休闲体育企业的声誉

一个休闲体育企业如果设备运转不正常，哪怕是偶然一次，其影响将是整个企业的声誉、形象和客人再次光临的次数，因为客人不会认为这是偶然的。

休闲体育企业工程部应该用好、管好、维护好设施设备，并对现有设备进行改造、增建和更新，使休闲体育企业建立在先进的技术基础之上，促进休闲体育企业的发展，提高经济效益。所以，工程部的管理与运行，在休闲体育企业经营中的作用，应给予足够的重视。

（2）休闲体育企业设备设施管理的特点

①社会消费性强，管理效率要求高

休闲体育企业的设备设施主要是消费性设备，部分生产性设备也主要是直接适用于生产休闲体育消费产品及配套饮食产品的，这些产品是随产随消。由于大多数设备设施采用出租形式，供消费者直接享用，所以，休闲体育企业设备设施具有较强的社会消费性的特点。这一特点决定了对设备设施管理必须高效率、高质量，并加强对设备设施完好率的考核，以保证各种设备设施处于完好、正常运转的技术状态。如果出现设施设备损坏或发生故障，必须在最短的时间内修好或换掉，才能为消费者提供符合要求的使用价值，如卫生设备、健身器材等，否则，直接影响企业的服务质量和经济效益。

②损耗大，更新周期短

休闲体育企业的设备设施在接待服务过程中有两种磨损：一是设备在外力作用下造成的实体磨损；二是无形磨损，由于休闲体育企业的设施设备主要是消费性设备设施，经过一定时间其使用价值虽然没有遭到破坏，但已经陈旧过时，造成客人精神上的不愉快，影响企业的等级声誉，有损于设备使用的经济性。因此，企业设备的更新周期应比一般企业更短。这就要求设备管理人员必须随时分析设备使用的经济性，根据企业不同等级、不同接待对象和不同价格水平等要求，认真研究设备的寿命周期，加强更新改造，不断提高设备的使用效率，使设备和服务始终得到客人的欢迎。

③管理工作涉及面广，协作性强

休闲体育设备的种类很多，技术性能、使用方法和使用价值各不相同，设备管理贯穿于休闲体育企业营销活动的过程，涉及企业各部门，各班组，各环节。所以，设备管理是一项涉及面广、要求协作性很强的工作。只有掌握设备物质运动形态和价值运动形态的规律，制定设备管理制度，加强各部门、各班组、各环节的协作，才能管好、用好各种设备，提高设备管理水平。

2.现代休闲体育企业设备和设施管理的基本程序

休闲体育企业的设备设施管理与其他企业的设施设备管理一样，按设备管理的不同阶段，其设备管理可分为四个基本程序。

（1）设备的更新规划

进行更新与规划就是对设备的选型、订购与日常的运行进行规划，具体来说主要包含以下八个方面的内容：第一，设备的更新规划；第二，设备选型；第三，设备订购；第四，入库保管；第五，设备的安装调试；第六，设备的移交、入账及建档；第七，培训计划；第八，日常管理。

（2）设备的定期检修

主要包括：一级保养、二级保养与设备的大修。

（3）设备的技术改造

设备在使用一段时间之后，就会发现随着时代的发展，设备的系统会与设备出现不适应的状况，这时为了不降低企业的生产效率就需要对设备进行改造与升级。比如节能、安全、环保等方面的改造。

（4）设备的更新报废

对设备进行更新时，同时要对老旧的设备进行报废管理。对设备进行报废管理的时候一定要遵循以下五个方面的原则：第一，不符合国家标准的产品设备；第二，已超过使用期限，损坏严重，修理费用昂贵的设备；第三，因受自然灾害或事故损坏，而修理费接近或超过原设备价值的设备；第四，虽能运转，但有隐患，而修理费用昂贵的设备；第五，无法修复的设备。

对设备进行报废时，一定要遵循"先申请、再鉴定审核"的程序，同时对于较大的设备，需要经过企业总经理的批准。

3. 现代休闲体育企业设备和设施的维护管理

现代休闲体育企业设备维护保养分为日常维护、定期维护和区域维护，三者是互相依存、交叉进行的。日常维护是每天进行的，定期维护是在日常维护基础上进行的。

（1）日常维护

日常维护是经常化、制度化地对设备设施进行维护保养，是全部维护工作的基础。对休闲体育企业常用的大型设备进行日常维护时一定要坚持以下程序：

首先，在班前要对设备进行维护，主要是要维护以下四个方面的内容：第一，检查电源。这样可以有效的保障电气装置有效可靠，从而让设备中的各个环节能够正常的运行。第二，就是观察安全保护的装置是否有效与齐全。第三，就是要对设备的滑动装置的润滑状况进行检查。第四，就是对人员的交班进行检查，然后认真填写交班记录。

其次，就是要对运行的设备进行维护，具体来说就是要对以下三个方面内容进行遵守：第一，严格按照规章制度进行操作；第二，认真观察设备的运行状况，从声音、气味等方面进行检查；第三，对设备的故障进行排除，并且做好记录。

最后，就是在班后对设备进行维护，其中主要包含四个方面的内容：第一，保持设备的整齐与整洁，同时还要保证场地的整洁与整齐；第二，就是保证在设备使用完毕之后，设备的指针等指示准确、灵敏可靠；第三，对不连续使用的设备要在保养完之后，让设备恢复到准备工作的状态；第四，要认真填写交班记录。

（2）定期维护

定期维护的意思就是在日常维护的基础上，还对设备进行检修与维护，这次的维护，比原先的维护都要深入与完善，这样才能减少设备的磨损与保障设备可以长时间的运行。定期维护主要包含以下六个方面的内容：第一，彻底清洁设备外表和内部，疏通管道、油路；第二，拆卸、检查设备的规定保养部位；第三，清除设备的电机、接触器、继电器等的灰尘油污，并保证它们接线完整无破损；第四，润滑机械未动装置，坚固零件和调整机械间隙，必要时更换零件；第五，对调整、小修、更换零件部件要逐一记录，对疑难和尚未解决的问题记录并上报技术主管人员，及时采取措施解决；第六，由主管人员检查验收定期维护结果。

（3）区域维护

休闲体育企业设备除了大型公共设备之外还有一部分是分布在各个接待营业部门使用的。同时，各接待营业部门还有照明系统、音响系统、供排水系统的维护工作。例如以接待部门为依据划分设备维护区域，那么区域维护就是与接待部门划分的区域性设备维护组织方案相适应的一种维护方式。

①区域的划分和维护小组的编组原则

A.区域的划分要以接待部门为界限，特别要对跨部门系统的责任界限给予详细说明，以防止故障出现后互相推卸责任。

B.根据具体区域的设备种类的不同比例来分配不同工种，根据人员素质的特点，合理搭配、合理组合，并指派区域维护小组负责人。

②区域维护小组的工作职责

A. 区域维护小组在业务和行政上受工程技术部领导，负责区域内设备的维护、计划小修工作。小组工作指标（区域设备维修部分）的完成情况应接受区域部门的考核、评分。

B. 记录，整理和反馈责任区域设备维护状况的数据并形成表格。

C. 配合企业设备大修的技术队伍完成设备大修工作。

③区域维护小组的工作内容

A. 每班要认真执行区域巡回检查和点检制度，科学安排巡检路线，当场做好记录。

B. 负责区域设备的电器、照明、管道、水暖设备和机械附属装置等的维护、修理。

C. 指导和督促接待部门的服务员做好客用设备的详细说明。

D. 及时处理责任区域内的故障并填写故障处理情况记录单。

E. 确保责任区域设备完好率不低于95%。

F. 对突发性故障的赴反应时间（接到通知到入现场时间）不超过3分钟。

G. 积极开展预防、维修活动，做好责任区域设备的普查、检测工作，通过对易损件故障分析找出本区域内易损件种类和损害发生规律，预备制作好成套的更换部件。

H. 客用设备故障现场处理必须使用成套的备用更换件，保证现场处理时间不超过15分钟，更换下来的损坏件必须在第二天修好备用。

4. 现代休闲体育企业设备和设施的修理办法

（1）按照设备确定修理期的方法

①标准修理法

具体来说，就是对设备使用的零件以及设备使用的寿命进行强制的规定，主要就是对修理的日期、修理的内容以及修理的工作量进行强制的规定，所以这种修理方法也被叫作强制修理法。在日常的实际运行当中我们就是要对设备进行强制的修理与零件的更换，并且在修理的过程当中要按标准的工艺进行。

任何事物都是有优点和缺点的，这个方法的优点就是可以在修理之前做好充分的准备，提高设备检修的效率，减少时间的浪费；缺点是需经常检测零件磨损情况，修理费用大。一般适用于必须严格保证安全运转和特别重要又必须严格保证安全的设备的修理，如：动力设备、高尔夫模拟设施等。随着先进检测手段的出现，这种方法的应用范围还有不断扩张的趋势。

②定期检查法

这种方法是根据设备实际使用情况，以及修理前的检查资料制定修理计划。事先预定修理日期、主要修理内容及修理工作量，但允许根据设备的实际情况做适当的调整。

这种方法的优点是便于做好修理的准备工作，可以缩短修理时设备的停歇时间，又能合理利用零件的使用寿命，防止不合理的消耗修理费用。

目前我国维修工作基础较好的休闲体育企业大多采用这种方法。它主要适用于一般性的设备修理，如休闲体育场所的空调机等。

③检查后修理法

这种方法具体来说就是对设备易磨损的部位进行观察，对可能磨损的零部件进行检查，然后再根据检查后的结果对修理的时间与内容进行确定。

这种方法的优点是简单并且方便操作，缺点是容易影响修理前的准备工作，它主要适合对安全系数较大而尚未完全掌握设备性能或对设备技术资料掌握不全时采用。

（2）按组织修理的先后程序

①部件修理法

最快捷的部件修理法就是对坏掉的部件直接进行更换，这样不仅可以减少修理的时间，同时还能减少因为缺少部件而导致设备停歇的时间。但是我们需要注意的是，要想运用这种方法就需要对设备零件进行储备，因此将会占用一些资金。所以，这种方法只适用于那些具有大量同类型的设备以及关键设备。

②部分修理法

指将设分成几个部分，在实际修理的过程当中，对其中的一个部分进行修理。这种方法的优点是可以把修理工作量分散化整为零，利用假日或非生产时间进行，从而提高设备利用率，它适合于在构造上具有一系列独立部件的设备或修理时间比较长的设备。

③项目修理法

指为提高某个项目设备的性能,对影响该项目的有关零件进行调整、修理和更换。这种方法针对性强,适合在大型设备中使用。

④同步修理法

指对需要修理的设备进行整合与联系,将问题进行同一时间的修理,这样统一的修理可以减少设备停歇的时间。这种方法常用于配套设备的修理,如模拟高尔夫球系统的各个部件就需要同步修理。

第三章 休闲体育产业的发展研究

现如今，休闲体育运动已经进入人们的生活，成为重要的文化活动之一。这主要是因为其所具备的健身、健心等多方面的价值可以给人带来诸多益处。不仅如此，在得到更多人的认可后，人们也更乐于为休闲体育消费，逐渐使休闲体育形成了一项产业，甚至是一种文化。本章为休闲体育产业的发展研究，主要从以下两方面进行的论述，休闲体育产业的发展现状和休闲体育产业的发展策略。

第一节 休闲体育产业的发展现状

一、国外休闲体育产业的发展现状

国外休闲体育市场的发展已有多年的历史了，可以说，我国目前的很多经营方式和理念都来源于国外。休闲体育已经走过了年轻的阶段，迈向了成熟。这些发达国家一直引导着休闲体育的新潮流。其领先地位主要表现在以下四方面。

（一）休闲体育开发能力强

例如，高尔夫球由于自身场地条件的限制，不容易推广，在这种条件下，西方发达国家利用现代技术开发了迷你型的高尔夫球，电子模拟高尔夫球练习场等。

（二）休闲体育设备先进

西方国家利用其科技优势应用到休闲体育项目设备的开发、制造中来，使休闲体育设备的科技含量越来越高。

（三）休闲体育项目设计水平高

休闲体育设施及环境设计趋向豪华、精美、科学和人性化。在科学技术的支持下，从高尔夫球的球杆、人造草皮，到保龄球道、网球拍、多功能的健身器，从海边体育中心到仿自然的室内浴场无不包含着高精尖的设计水平。

（四）休闲体育项目的文化色彩浓

休闲体育活动已经不仅仅意味着竞争，更包含着轻松、和谐，接近自然的文化底蕴。人们在运动过程中，自觉地注意了自己的言行，并且都显得那么彬彬有礼。

近年来，在发达国家，休闲体育市场已经是一个经济效益好、市场规模大的产业，同时还为很多国家的支柱产业。休闲体育服务市场的迅速发展和大众体育消费水平的大幅度提高，给各国休闲体育企业带来了可观的经济效益。在此背景下，国外休闲体育服务行业，政府以及理论界都十分重视产业的研究，并产生了大量的关于休闲体育产业研究方面的研究成果。

二、国内休闲体育产业的发展现状

随着我国经济的繁荣发展，我国休闲体育产业已经取得了很大的成果，具体表现在扩大了市场规模，初步形成了休闲体育市场体系，体育健身服务向多元化与经营连锁化的趋势发展，体育经济法制建设不断加强，市场管理走向规范化，体育人口数量有了增加，休闲体育产业对国民经济的增长有着重大的意义等方面。

（一）休闲体育产业的市场规模得到进一步的扩充

"花钱买健康"的观念已经深入人心，人们将其看作一种时尚。这表明，我国休闲体育产业的市场规模正在不断扩大，今后，也会进一步的扩充。

（二）休闲体育市场体系已经初步形成

在判断一个国家体育产业发展程度时，需要参照这个国家是否有健全的体育市场体系这一重要指标。20世纪80年代初，我国休闲体育市场开始萌芽，经过三十多年的发展，特别是经过近十几年来的快速发展，一个新兴的市场格局开始初步形成，这个格局具有非常显著的特点，具体来说，主要表现在以下三个方面：第一，各休闲体育机构是平等竞争的关系；第二，多种所有制并存；第三，各个投资主体来自不同的行业。

（三）休闲体育的发展趋势具有显著的多元化特征

现代的休闲体育项目有很多种类，消费者可以根据自己的需要进行选择，项目中包括有氧健身操、器械健身操等。由此我们就可以发现当今的健身机构将项目进行种类丰富的设置，给消费者很多的种类选择。例如，休闲体育健身中心，能够将运动服务、健美服务、健身服务、美容塑身服务以及康复服务等同时提供给消费者。此外，还有一些其他的服务项目，如咖啡屋、茶馆、舞厅、书刊室以及桑拿浴等。这样，不同阶层的人在娱乐休闲、健身健美以及交友等方面的需求都能够得到全面的满足。

（四）对休闲体育经济法制建设予以足够的重视

市场经济是在法治的基础上进行的。休闲体育产业的可持续发展以及体育市场的有序规范运行，与经济法制的建设，以及对市场秩序的规范都有着不可分割的密切联系。1990年之后，我国市场经济不断地发展与建设，休闲体育市场也在繁荣发展，因此我国加大对体育市场经济的法制建设。许多国家体育法规和地方体育法规相继被制定，其中，《公共体育文化设施条例》《全民健身条例》《体育法》等是较为普遍的体育法规。另外，国家也在不断完善休闲体育从业人员的资质认证制度以及体育市场的准入制度，从而有利于规范与管理我国的体育市场，对体育市场的发展提供有力的法律保障。

（五）连锁化经营模式有着较快的发展速度

连锁经营模式最早是在1999年被马华引进我国的，其当时引进的是健身俱乐部。后来，一些发达国家的著名体育健身企业进军我国市场，为了促进市场份额的扩大，这些企业采取了连锁经营的经营管理方式。自此，连锁经营的方式被大量的健身企业开始运用，以此来对规模的不断扩大起到积极的促进作用。

国外著名体育健身企业在我国市场立足后，对我国体育市场规模的扩大起到积极的促进作用，采取连锁经营的方式谋求发展，很快就在我国市场产生了很大的影响，促进了体育市场集中度的不断提高。国外体育企业能够快速在我国占领市场，其主要原因在于其资金实力雄厚、知名度高、品牌形象良好、经营管理水平较高、健身理念先进。

（六）市场竞争越来越激烈，经营风险也越来越大

我国加入世界贸易组织之后，出现了很多国外知名度较高的体育健身企业进入我国的情况。由此，也产生了相应的影响，这些影响有积极影响和消极影响之分。

其中，所带来的积极影响主要是知名企业进军我国市场，将先进的健身理念和经营管理经验带入我国，为我国体育健身企业的发展具有积极的作用。但是企业为了吸引消费者，果断采取价格手段，这就会造成我国体育健身市场秩序的混乱，不公平的竞争也随之出现，这就增加了企业经营的风险。

三、休闲体育产业发展中存在的问题

随着我国经济的进步与发展，当今时代人们的生活水平逐渐提高，很多的人都开始注重体育锻炼，尤其是在 2008 年北京奥林匹克运动会举办之后，我国国民对休闲体育运动的热情更加高涨，从而促进了我国体育事业的发展，形成了一个完整的体育事业产业系统与体育产业格局。但是我们需要注意的是，我国的体育产业与发达国家相比还是有很多不足的，具体来说就是发展的规模小、发展的水平低、发展当中还有很多需要解决的问题，主要可以归纳为以下三个方面：

（一）行政管理部门没有正确认识到休闲体育的产业化发展

在改革开放以前，我国长期执行的经济体制为计划经济体制，体育事业一直被认为是公益事业，受政府的管理，因此当前体育还是按照传统的竞技体育来对资源进行配置。但是随着我国经济的繁荣发展，我国人民生活水平的提高，人们对体育事业的需求越来越大，当前体育发展的情况，无法满足人们日益增长的需求，从而导致体育事业与体育产业产生割裂，进而影响中国体育产业的发展，也就影响中国休闲体育事业的发展。这些缺陷与不足的具体表现就是：休闲体育的经营管理不规范，经营理念与模式不先进，行业的管理制度不完善，这些都会在实际的应用当中对体育产业产生影响，对体育产业的长期稳定发展产生巨大的阻碍。

（二）城乡居民休闲体育消费需求明显不足

休闲体育产业的发展受人们生活方式与生活水平的影响，具体来说，社会的经济水平决定了人们的生活水平。生活富裕了，人们解决基本生活问题之后，就开始追求更高品质的生活，这时人们才开始考虑休闲体育运动，开始对休闲体育感兴趣并消费。消费的人变多之后，休闲体育得到快速发展，由此我们就可以发现，人们的生产生活方式对休闲体育的发展水平起决定的作用。但是，我们对当前休闲体育产业进行调查研究发现，可以支撑休闲体育进行发展的经济还处在较低的水平，具体的表现就是当前中国很多居民主要的消费内容是房屋与汽车，对休闲体育的消费还具有动力不强、活力不够的特点。除此之外我们还发现，休闲体育的发展情况与处在同一阶段的国家相比，有很大的不同。我们对这一问题进行调查研究就会发现造成这种情况的原因主要包含以下四个方面：第一方面，中国的农村居民几乎占总人口的一半，这些居民并不喜欢休闲体育运动；第二方面，国民的存款主要是由中国的富人进行储存，其他大部分人都没有很多存款；第三个方面，当前中国的医疗、教育以及住房还存在一些不足，所以人们对未来的预期收入感到不确定，不愿意进行过多的消费；第四个方面，我国的城镇化水平不高，这对经济发展水平的提高产生制约作用。

通过上述研究我们就会发现，中国休闲体育的发展与中国的经济发展水平、中国的城镇化水平、人们对休闲体育的消费水平有十分密切的联系。因此，要想让中国的休闲体育得到发展，就需要积极发展中国经济，完善社会保障制度，激发人们对休闲体育消费的兴趣，促进休闲体育在中国的发展。

（三）休闲体育产业的结构不合理性

具体来说，休闲体育产业结构的不合理性，主要从核心产业滞后、中介产业缺位方面得到体现。纵观全国，竞赛表演业发展相对较快，而健身娱乐业、休闲服务业、旅游业、传媒业等核心产业发展缓慢。而相关产业中建筑业、制造业发展迅速。同时，中介产业市场还存在缺位问题，如休闲体育劳务市场和休闲体育技术市场，目前市场上虽也有提供相应的休闲体育劳务和技术服务的部门，但真正意义上的休闲体育劳务市场和休闲体育技术市场并未形成。

第二节 休闲体育产业的发展策略

一、体育行政管理部门要及时转变观念，调整其职能定位

随着市场经济体制改革的不断深化和发展，体育行政管理部门应转变完全依靠政府办体育的观念，调整政府在休闲体育产业发展中的职能定位，明确政府在休闲体育产业发展中的主导作用，即引导、统筹规划、扶持和规范。具体来说，应该从以下四个方面着手：

第一，国家和地方各体育行政管理部门通过制定和执行相应的管理制度、法规，管理和监督休闲体育市场，规范休闲体育市场的经营行为，逐步建立和完善休闲体育的消费和服务体系。另外，政府还应在休闲体育产业资本支持体系的创新、融资渠道拓展和税收减免等方面出台一定的保护和扶持政策，对体育休闲产业结构良性发展起到积极的引导作用。

第二，扶持和引导非营利性体育社会组织和商业性休闲体育组织的发展，促成各种组织之间以及组织与政府之间的合作。

第三，具有公共产品性质的基础休闲体育设施，商业组织不愿提供，则应由政府免费或以成本价提供，来满足国民的休闲权益和需求。不过，政府在直接提供休闲体育服务时，为保证服务质量与管理效率，应在政府行政主管机构外专门设立一些机构来管理有关设施与项目。

第四，将休闲体育产业发展战略规划制定出来的同时，还要将发展休闲体育产业纳入国家和地方经济发展的总体布局，明确休闲体育产业发展的目标和重点，采取"梯度"发展战略，对休闲体育产业健康发展起到积极的促进作用。

二、合理引导休闲体育消费，扩大中间层次消费群体

随着我国城乡居民收入的不断增长和生活水平的提高，人们在文化娱乐、体育休闲等方面的消费支出不断增加，但因为人们消费观念和有效的购买能力不足，真正进入休闲体育市场的人并不多。当前有效购买力不足以成为实现休闲体育消费和休闲体育业快速发展的潜在壁垒，我国休闲体育消费的"疲软"和休闲体育业的发展缓慢则与整个消费者的人群结构不尽合理存有很大关系。因此，提升人

们的有效消费能力或购买力，休闲体育消费的持续增加和休闲体育业的扩大也才能最终实现。

三、优化产业结构，对产业间联动发展起到促进作用

一方面，我国休闲体育产业的发展要以核心产业尤其是健身娱乐业和竞赛表演业为主导，通过重点培育、扩大和提升健身休闲服务业、竞赛表演业等核心产业发展，将休闲体育产业结构的调整与优化充分带动起来。同时把发展休闲体育与发展区域经济结合起来，通过依托、挖掘、整合、联动相关产业，实现休闲体育产业与交通业、商贸业、房地产业等相关产业的有机融合，从纵向和横向培育休闲体育产业链，优化产业结构。实现休闲体育产业的整体推进，协同发展，提高产业区域竞争力。

另一方面，要大力扶植休闲体育中介及相关市场。随着我国休闲体育产业化格局的提升，体育运营商对中介经纪服务的需求也会明显提高，相关的市场需求将随之活跃。

四、休闲体育场馆设施开发建设力度进一步加强

休闲体育设施与公共体育基础设施是开展休闲体育活动、提供休闲体育服务的一个基础性条件。政府在加大开发建设力度的同时，应放宽限制，鼓励民间投资，通过整合民间资本和政府资本，充分发挥资本最大效益。在休闲体育场馆设施和休闲体育项目的开发上，应根据时代的变化和消费者的需求重点着力体现多元化休闲体育消费、多层次休闲体育消费和多地域休闲体育消费的特征。要根据不同群体的消费者推出适当的休闲体育产品，就当前而言，特别要注意开发适合低收入者的休闲体育产品，以此来提升中国居民整体的休闲体育消费质量。

具体来说，要想进一步加强休闲体育场馆设施的开发建设力度，需要从以下三个方面着手：

第一，要将有关休闲体育场馆设施的专门政策或规划制定出来，对中国休闲体育场馆建设数量、标准以及位置进行规划，并且纳入新型城镇化、新农村发展建设的一部分，以达到合理使用的目的。在新型城镇化建设的进程中，要加强乡

间、原野、小城镇休闲体育场所的规划开发建设，为城乡居民提供更多的户外运动场所。

第二，在城市社区、农村新社区、乡镇的健身活动室（站）的建设方面要有所加强。尤其应加大对县域农村体育健身工程的投入比重，解决公共配套服务设施缺位严重的问题。这是在新型城镇化进程中必须预先做好安排，提前统筹的问题。总之，新型城镇化进程中中国农村休闲体育基础设施建设的推进，将极大地促进中国农村休闲体育产业的快速发展。

第三，对学校体育场馆设施向社会开放的推动力度也要进一步加大。充分利用学校的体育场馆设施以满足广大城乡居民的休闲体育健身需求，提高学校体育场馆设施的利用率。在学校体育场馆设施向社会开放中，县域地方政府必须要占主导地位，如果地方政府部门管理缺位，那么开放工作将会停滞不前，必须要让学校体育场馆设施向社会开放进入新常态。

第四章 体育旅游产业的理论研究

本章为体育旅游产业的理论研究，主要从以下三方面进行具体论述，分别为体育旅游概述、体育旅游产业概述和体育旅游产业发展现状与策略研究。

第一节 体育旅游概述

一、体育旅游的内涵

体育旅游在国内是一项新兴的旅游产品，同时也是一门新的学科。作为一种新颖的健身方式，体育旅游将体育与旅游创新性地结合在了一起。

旅游产业与体育产业相互交叉融合，产生了一个新的产业，就是体育旅游。体育旅游的产生需要具备一定体育资源，通俗来讲就是体育旅游的开展需要一定的体育资源作为支撑，这样才能吸引人们积极参与。人们通过参与体育旅游不仅能够进行相关的体育活动，还能真切地感受到大自然的情趣。体育旅游将体育与旅游有机地结合在了一起。体育旅游既是一种旅游形式也是一种休闲生活方式，隶属于体育产业的范畴。在体育旅游的过程中，会产生交通、膳食和住宿收益等，这些收益都属于旅游行业的收入。基于此，人们往往认为体育旅游是旅游产业的一部分。事实上，体育旅游与一般的旅游活动还是有很大的差别的，具有自身的独特性和专业性。体育旅游严格意义来讲需要体育活动的参与、组织和指导。

（一）体育旅游的发展背景

1. 消费方式转变使得运动休闲需求增长

随着我国经济的迅速发展，收入阶层产生了一定的差异变化，使市场的需求也随之发生了改变，旅游发展得越来越多样化，越来越体现出休闲和运动的特征。

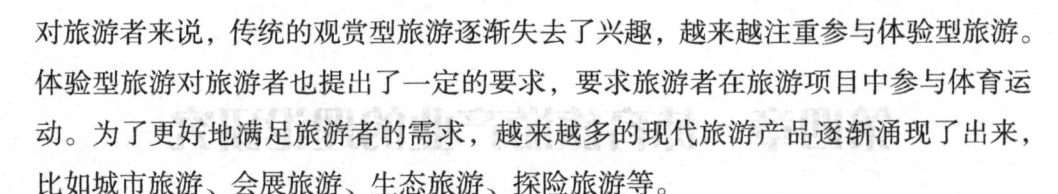

对旅游者来说，传统的观赏型旅游逐渐失去了兴趣，越来越注重参与体验型旅游。体验型旅游对旅游者也提出了一定的要求，要求旅游者在旅游项目中参与体育运动。为了更好地满足旅游者的需求，越来越多的现代旅游产品逐渐涌现了出来，比如城市旅游、会展旅游、生态旅游、探险旅游等。

2. 体育产业泛化为运动与休闲旅游结合发展提供可能

"全民健身计划"在一定程度上推动了我国体育事业的发展。我国体育管理体制改革的深入发展为体育事业的发展提供了便利条件。一方面，竞技体育的改革发展在一定程度上促进了体育产业化的进程；另一方面，多项体育运动的职业联赛不断出现，体育赞助商越来越多，体育市场出现了各种各样的经营活动，不仅有利于体育本源产业的发展，而且有助于载体产业的出现和发展。这些都有助于运动、休闲的发展，既提供了相关的活动内容，又营造了良好的社会环境。对消费者来说，参与体育活动的方式也变得越来越丰富多样，可以参与登山、游泳、滑雪等各项体育活动。消费者想要参与体育活动的愿望越来越迫切，休闲旅游行业的发展也越来越受到体育产业的重视，采取各种措施来支持体育旅游业的发展，使体育产业和休闲旅游业有了合作发展的广阔空间。

3. 我国拥有发展休闲运动的优势

我国国土资源广阔，拥有源远流长的发展历史，在发展过程中形成了众多不同的民族。在国内，体育运动丰富多彩，形成了独具一格的运动文化，渗透于社会生活的各个方面，从这个层面来看，我国拥有十分丰富的运动休闲旅游资源。再加上我国跨越了热带、温带和寒带三个温度带，形成了丰富多样的地貌和气候，能够满足绝大多数体育运动的开展。在东北地区，人们可以进行雪上运动；在东部和南部沿江、沿海地区，人们可以进行水上运动；在新疆地区，人们可以进行沙漠探险运动；在高山众多地区，人们可以进行攀岩运动。每一个地区都形成了当地独具特色的体育民俗活动，较为人们所熟知的有内蒙古那达慕大会，湖北清江闯滩节等。各种各样的民间体育活动各具魅力，展现了当地深厚的民俗文化。随着体育产业越来越泛化，人们对休闲运动产生了较高的需求，极大地推动了我国休闲运动产业的发展，为旅游产业系统升级提供了新的动力。

(二) 体育旅游的定义

查阅相关文献可以发现，我国学界关于体育旅游的定义有以下五种：

第一，按属加种差定义法给体育旅游下定义："所谓体育旅游，是指旅游者为了满足各种体育需求，借助于体育组织或其他中介机构进行的旅游活动。"[①] 体育旅游不同于其他形式的旅游，具有自身的独特性。主要表现为：专业性强、安全系数低、成本费用高、时效性突出、社会效应显著。

第二，体育产业与旅游产业相互交叉渗透形成了新的领域，即体育旅游。体育旅游既包含了体育的社会性，又囊括了旅游的社会性。体育旅游是体育的重要组成部分，也是旅游的重要组成部分，属于一种新型的旅游活动。体育旅游的概念有广义和狭义之分。从广义的角度来分析体育旅游，可以将其理解为旅游者在旅游过程中所从事的各种娱乐身心、锻炼身体、竞技竞赛、刺激冒险、康复保健、体育观赏及体育文化交流活动等与旅游地、旅游企业、体育企业及社会之间关系的总和；狭义上的体育旅游指的是在充分利用体育资源和体育设施的基础上，不断创新旅游商品的形式，充实人们的社会文化生活，以促进旅游者各种体育需求的发展，促进旅游者身心和谐发展，促进社会物质文明和精神文明发展的一项社会活动。

第三，体育旅游指的是脱离日常生活范围而去参加或参观体育活动的非商业性的旅游。是职业运动员也可以参加的纯商业性的比赛。

第四，体育旅游指的是旅游者在旅游过程中参加体育娱乐活动、体育健身活动、体育竞技活动、体育探险活动和观赏体育比赛等活动与旅游地、旅游企业和社会之间关系的总和。

第五，体育旅游指的是旅游者为了参加或观赏各类健身娱乐、体育竞技、体育交流等活动而进行的旅游，这里既包括各类体育比赛，又包括传统的民族体育项目等。

除此之外，体育旅游还与体育旅游产业存在着紧密的联系。体育产业与旅游产业相互交叉渗透，由此而产生的新型服务产业就是体育旅游产业。体育旅游产业具有自身独有的特征，既囊括了体育的特征，又涵盖了旅游的特征。作者在结

[①] 连桂红，刘建刚. 论体育旅游及其基本特征[J]. 首都体育学院学报，2005（03）：15-16，22.

合各位学者对体育旅游的理解的基础上，提出了自己的观点：体育旅游就是旅游者为了观看、欣赏和参与各种体育活动而进行的旅行游览活动。体育旅游产业的发展需要一定的条件，必须建立在一定的体育资源和体育设施的基础上。体育旅游产业发展的形式是体育旅游商品，体育旅游产业能够为旅游消费者在旅行过程中提供各种服务。

二、体育旅游的发展历程

深入研究体育旅游及体育旅游产业的发展有着十分重要的意义，能够进一步提升体育旅游产业的竞争力。基于此，首先概述了体育旅游以及体育旅游产业的发展历程，然后深入研究了我国体育旅游产业发展的历史进程。

（一）体育旅游的兴起与发展

体育旅游活动最早可追溯至公元前776年的奥林匹克运动会。为了在运动会期间给自己的运动员和自己的城市加油助威，各城邦派出的代表团和使节纷纷涌向奥林匹亚，这和今天许多足球迷到现场观看自己喜欢的球队比赛是非常相似的。在当时，奥林匹克运动会吸引了来自希腊的数万名观众。但由于当时的食宿条件比较差，旅行者只能睡在帐篷里或者露宿，他们没有今天的旅行者所享有的服务。古代奥运会的举办有着十分重要的意义，一方面有助于民族文化的融合，另一方面有助于深化体育和旅游的结合。早期的体育旅游活动的萌芽就诞生于人们前往以及观看奥运会的过程中。

随着罗马帝国的不断扩张以及旅游业的繁荣发展，欧洲出现了很多有特色的赛事，比如为人们所熟知的格斗比赛和赛车等。除此之外，在欧洲还兴起了一种新的时尚——水浴。在欧洲的一些城镇，具备比较完善的水浴设施，为其发展成为旅游胜地提供了便利条件。

16世纪之后，交通运输行业发展较为快速，人们开展旅游活动越来越便利，在很大程度上为体育旅游的发展提供了便利条件。其中，欧洲皇室旅游对体育旅游产生了比较重大的影响。欧洲皇室旅游也被称为"大旅行"，指的是从前英国贵族子女周游欧洲列国的教育旅行。欧洲皇室旅游开辟了专门的旅游路线，在一定程度上促进了旅游设施的发展，也推动了"旅行文化"的普及。从这个层面来讲，欧洲皇室旅游发挥着十分重要的作用，从实际意义来讲可以说是"古代文化旅游的再现"，也是早期体育旅游的萌芽。

19世纪之前，体育旅游发展最大的制约因素就是交通的落后，"铁路的发展使得体育赛事迅速加入滨海旅游的行业，并成为工薪阶层休闲生活的一部分"[①]。19世纪，欧洲开展了轰轰烈烈的工业革命，促进了一些国家体育旅游的发展，其中体育旅游发展比较发达的国家是瑞士。瑞士在19世纪的后25年和20世纪的前10年里旅游产业的发展非常迅速，为国民经济的发展做出了重要的贡献。体育运动是瑞士旅游产品的重要组成部分之一。瑞士体育旅游飞速发展是多方面因素促成的：第一，铁路的迅速发展为旅游的发展提供了便利条件；第二，工业化迅速发展，提升了人们的经济水平，使人们的收入逐步增多，有了更多的闲暇时间能够参与商业化和职业化的体育赛事。对一些旅游地来说，如果具备特殊的旅游资源和设施，就会对旅游者形成很大的吸引力。例如，在瑞士，阿尔卑斯山滑雪成为人们非常喜爱的体育运动项目之一，因此，去瑞士旅游的旅游者越来越多。还有一些其他的有影响力的体育旅游活动广受人们的喜爱，比如登山、徒步远行等。

20世纪后半期，国际旅游业得到了长足的发展。人们的生活水平越来越高，可支配收入越来越多，有了更长的休闲度假时间。再加上交通运输条件的日益完善，参与休闲运动的旅游者越来越多。对大多数的旅游目的地来说，将体育节事和体育活动纳入旅游产品中，越来越成为一种新的风尚。出现了多种多样的体育旅游项目。比如冲浪、漂流、滑雪等。

20世纪，体育旅游获得了飞速发展，其中最重要的因素就是大型体育赛事的举办。对很多的大赛主办国和举办城市来说，在大型国际体育赛事期间进行体育旅游资源开发能带来巨大的经济收入。大型体育赛事包括的内容十分丰富，主要有奥运会、洲际运动会、世界大学生运动会等。从某种意义上来说，最大的体育旅游资源就是奥运会。举办奥运会对一个国家来说意义重大。不仅能够促进本国旅游产业的快速发展，而且能够给本国带来巨大的经济效益和社会效益。

通过分析各个国家体育旅游的发展历史，我们可以看到，体育和旅游这两个学科是相对成熟且独立的，并且，体育与旅游之间存在着较为紧密的关系。随着

---

① [英]维德，[英]布尔. 体育旅游[M]. 戴光全，译. 天津：南开大学出版社，2006.

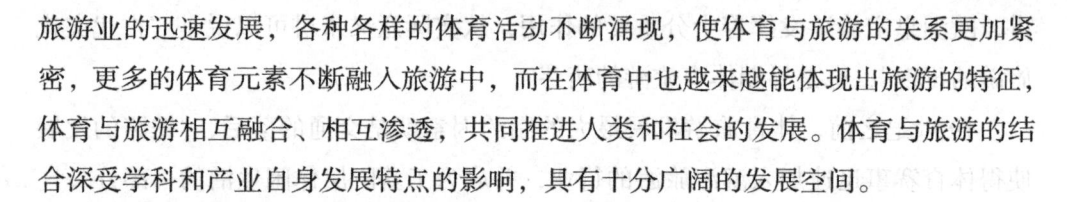

旅游业的迅速发展，各种各样的体育活动不断涌现，使体育与旅游的关系更加紧密，更多的体育元素不断融入旅游中，而在体育中也越来越能体现出旅游的特征，体育与旅游相互融合、相互渗透，共同推进人类和社会的发展。体育与旅游的结合深受学科和产业自身发展特点的影响，具有十分广阔的发展空间。

（二）体育旅游产业的兴起与发展

1. 体育旅游产业的兴起

体育旅游最开始只是一项普通的活动，后来逐渐发展成为一项比较重要的产业，这一过程经历了漫长的发展时期。体育旅游的萌芽产生于公元前776年，16世纪的"大旅行"在很大程度上促进了体育旅游的发展。这里需要注意的是，在当时，并没有清晰的体育旅游的概念，人们进行体育旅游只是自发行为，或者是达官贵族为了消遣和娱乐而进行的相关活动，在当时体育旅游还处于比较低级的阶段。

从严格意义上来讲，体育旅游产业的发展步调与旅游产业的发展步调是基本相同的。通济隆旅行社是全世界第一家旅行社，这家旅行社的诞生意味着近代旅游业的诞生。紧随其后，在欧洲，类似于旅行社的组织相继成立，这些商业性旅游机构为旅游者提供食宿、购物、娱乐等服务，同时也包含了游山玩水、登山滑雪等内容，但是这一时期尚未建立专门的旅游项目。19世纪，英国、挪威、瑞士相继成立了运动俱乐部，为体育旅游的发展注入了新的活力，也标志着体育旅游产业在国外已经逐渐兴起。

2. 体育旅游产业的发展

（1）北美体育旅游产业的发展

体育旅游产业在美洲具有广阔的发展空间。2000年，美国有3600万高尔夫打球者，1500个高尔夫球场和62亿美元的产业；2005年，美国高尔夫产业的产值高达760亿美元，成为各项体育产业中收入增长最快的球类项目；2008年全美已建高尔夫球场超过17179座；目前，美国有20000多座高尔夫球场，相当于中国的球场数量100倍。有资料表明，加拿大每年要举办20多万场大小不等的体育赛事，体育旅游产业给加拿大带来每年13亿美元的收入。

（2）欧洲体育旅游产业的发展

20世纪中后期，旅游业飞速发展，体育运动越来越普及，特色旅游项目越来越受到人们的追捧。在瑞士，滑雪运动尤其出名，为瑞士带来了大量的经济效益；以"足球工业"为主体的意大利，体育旅游的年产值超过了汽车制造业和烟草业总产值。体育旅游发展越来越普及，一些国家创办了专门的体育旅游旅行社。在德国，高尔夫旅游是比较出名的。

（3）亚洲体育旅游产业的发展

体育旅游产业是体育产业和旅游产业相互融合、相互渗透而形成的新的领域。体育旅游产业这些年发展速度比较快，为很多国家和地区的经济发展和经济增长做出了重要的贡献。很多因素都有利于推动体育旅游产业的发展，比如旅游活动越来越普及，进一步推动了体育旅游产业的发展。人们的生活水平日益提高，可支配收入逐渐增多，有了更多的闲暇时间来参与体育旅游活动。交通设施日益完善，为体育旅游产业的发展提供了便利条件。各种各样的大型体育赛事不断出现，助推了体育旅游产业的发展。

三、体育旅游的类型及特点

（一）体育旅游的类型

从不同的学科角度出发，可以将体育旅游归入不同的范畴。比如，从体育学角度来看，体育旅游中的大多数活动项目都属于体育竞技的范畴；从旅游学角度来看，体育旅游属于自助旅游的范畴，具有极强的参与性；从休闲学角度来看，体育旅游属于休闲体育的范畴。

有关体育旅游类型的划分，比较一致的观点是，体育旅游可以分为两大类别，即自助体育旅游和参团体育旅游。这主要是以体育旅游的概念、属性、实践、特征等要素为依据进行划分的结果，下面对这两大类型的体育旅游进行分析。

1. 自助体育旅游

作为体育旅游的一大基本类型，自助体育旅游在当今社会具有广泛的流行性。人们在参与该种类型的体育旅游时，大都是独立进行的，很少会与体育旅游产业发生直接的关系。自主体育旅游又具有两种类型，具体分析如下：

（1）户外体育休闲

户外体育休闲顾名思义是在户外进行的体育活动，这种旅游活动具有突出的自由性。以参与体育活动的不同目的为依据，又可以将这一类型的自主体育旅游分为三种具体的类型，即以度假为目的体育旅游、以健身娱乐为目的体育旅游以及以保健为目的的体育旅游。对这三种具体类型的体育旅游活动的分析如下：

①保健型旅游

保健型旅游就是旅游者为了达到保健的功效即治疗疾病、恢复体力、强健身体而参与的旅游活动，这种类型的体育旅游目的性很强。一般而言，保健型旅游又可以分为两种类型，一种是自然保健旅游，另一种是疗养旅游。前者是在自然条件下进行的保健旅游活动，比较典型的活动项目有滑雪、登山、冰上活动、划船、游泳、打高尔夫球等；后者是融合医疗技术（按摩、气功、药疗、电疗、针灸）和自然条件（矿泉、森林、气候等）的保健旅游活动，这里的自然条件是具有疗养价值的，常见的疗养旅游有高山气候疗养、海滨度假等。

②健身娱乐型体育旅游

健身娱乐型体育旅游指的是人们在体育娱乐的过程中达到健身目的的旅游活动。与传统意义上的健身活动相比而言，健身娱乐型体育旅游提倡娱乐性健身理念。

③度假型体育旅游

度假型体育旅游具有鲜明的体育意义，人们参与这类型的体育旅游活动主要是为了消除疲劳、调节身心和缓解压力。假期出行是度假型体育旅游的最突出的特点，如人们在节假日（五一、国庆、春节等）期间外出进行体育旅游。

（2）自助户外竞技探险

自助户外竞技探险与前一种自助体育旅游类型具有紧密的关系，挑战自我、张扬个性、挑战大自然等是这类自助体育旅游活动的主要特征。从这些特征有以下体现：参与这类体育旅游活动的人一般都非常有个性，喜欢无拘无束，勇于表现自我和挑战自我。自助户外竞技探险活动有一定的危险性，对旅游者来说，大自然是最大的对手，只有征服大自然，克服困难，充分展现自己的能力，才能实现预期的旅游目的。登山探险、地下洞穴探险以及高空跳伞探险等都是这类体育旅游的典型活动项目。

2. 参团体育旅游

观赏型体育旅游、参与型体育旅游以及竞赛型体育旅游是参团体育旅游的三大类型，它们各具特色，下面对这三种参团体育旅游进行分析：

（1）观赏型体育旅游

旅游者在参团体育旅游过程中，通过视觉、听觉、感觉器官来对体育建筑场地、体育活动、体育艺术景点以及体育特色文化等进行欣赏和体验，并从中获取愉悦感的体育旅游就是观赏型体育旅游。通常而言，人们在参与观赏型参团体育旅游时，都会提前一次性缴纳所有的费用，然后由体育旅游组织来统一安排游客的吃、住、行、游、参观场次和门票，一个团内的旅游者有相对固定且统一的旅游行程和旅游内容。

方便省心、行程安排紧张有序、个人自由度和体能消耗都较小是这类体育旅游活动的主要特征。

（2）参与型体育旅游

参加参与型体育旅游的游客一般要在旅游前向体育旅游组织缴纳所有的费用，然后由旅游组织对其行程和吃、住等作统一的安排，这是参与型参团体育旅游与观赏型参团体育旅游的共同点。二者的不同之处主要表现在旅游内容上，参与观赏型参团体育旅游的游客可以不用亲身参与体育运动项目，只要用自己的感官欣赏就可以了，而参与型参团体育旅游的游客在通过感受器官进行欣赏与体验的过程中，必须亲身参与其中，完成需要消耗一定体力且具有一定难度的体育活动。需要注意的是，游客在体育活动的过程中，必须由体育旅游工作人员提供帮助和指导。

体验、感受和娱乐是游客参与这类体育旅游的主要目的，方便但可能不舒适，行程安排有序但紧张，个人自由度较小但体能消耗较大是参与型体育旅游的主要特征。

（3）竞赛型体育旅游

以参加某种体育竞赛为目的而进行的体育旅游活动就是竞赛型参团体育旅游。人们一般都是以集体为单位参加这种旅游活动的，而且参团后必须严格遵守相应的纪律。并非任何年龄的人都能够参加这类体育旅游活动，竞赛型体育旅游对参与者的性别、年龄等都有要求，而且参团的总人数必须在规定的范围内。在竞赛过程中，所有的参与者都必须遵守公平公正的原则，裁判在赛场上必须严格按竞赛规章来履行自己的职责。

强调团队和纪律、个人自由度极低、行程安排有序但紧张、挑战性突出、体能消耗大等是竞赛型体育旅游的主要特点。

（二）体育旅游的特点

作为一种新型的旅游形式，体育旅游与其他旅游具有共同的特征，即都具备旅游的特征，但体育旅游又是一类特殊的旅游形式，所以具有自己的独特性。这主要从以下几个方面体现出来：

1. 地域性

体育旅游活动的开展要依托丰富的体育旅游资源。体育旅游资源的分布具有明显的地域性，即体育旅游资源分布在不同的地区，且不同地区的体育旅游资源又各具特色。具有地域性特征的体育旅游最为典型的就是观战体育旅游，此外，一些体育旅游项目也具有突出的地域性特征，如海上运动（沿海地区）、冰雪运动（北方）、沙漠探险（沙漠地区）、登山运动（山区的）等。喜欢参与体育旅游活动的人一般对体育旅游项目都有较高的要求，而且喜欢探索，因此他们很愿意跨地区参加体育旅游活动。

2. 消费性

游客在参与体育旅游活动的过程中，一般需要花费较多的费用，也就是成本费用比较高，当然这是与传统旅游相比而言。体育旅游活动的成本费用高，主要是由以下四方面的原因造成的。

第一，游客在参与体育旅游活动前，需要对相关知识有一个基本的了解与把握，需要对相关技术进行学习，因此要参加一些专业培训班，这就需要缴纳一定的费用。

第二，一些体育旅游项目对服装、工具和设备等有特殊的要求，因此旅游者需要花钱购置这些用品。

第三，旅游者一般要在专业导游或专职教练的引导下才能顺利参与体育旅游活动，因此需要花钱雇佣相关工作人员。如果是参加竞赛型体育旅游活动，有时还需要花费一定的资金聘请有经验的顾问和医务人员等。

第四，体育旅游具有一定的风险性，旅游者需要提前将相关的防护装备准备好才能保障自己的安全，有时旅游者还需要先购买一份意外保险等。

3. 风险性

体育旅游活动具有一定的风险，且其中的风险是客观存在的，是不确定的，也是不可改变的。风险的产生又具有偶然性，一旦发生就会造成损害。体育旅游中，有一些旅游项目要求旅游者挑战自身的极限，挑战大自然，因此在参与的过程中可能会遇到一定的困难，甚至发生危险，出现安全事故，如骑马旅游、徒步穿越旅游、登山旅游、滑雪旅游、野营旅游、自驾车旅游、自行车旅游、探险旅游以及潜水、攀岩、漂流、速降等过程中发生危险。这些活动项目普遍比较危险，发生死伤事件的案例也有很多，如北京一位小男孩在滑雪过程中突然摔倒而不幸身亡，沿海地区青年在四姑娘山上被风刮到山下身亡等。尽管西方人在户外体育旅游方面具有丰富的经验和一定的技巧，但还是不可避免地发生伤亡事件。自然因素、人为因素和综合因素等都有可能造成意外事故。自然因素是我们无法改变的，所以我们要重点从人为因素和综合因素着手，最大限度地减少安全隐患，降低伤亡率。

4. 体验性

现代社会已经步入了休闲时代，世界经济形态正逐渐向体验经济过渡。随着现代旅游业的不断发展，旅游消费者对"体验"有了越来越高的需求。人们参加休闲体育旅游活动，如果只是"走马观花"是难以实现旅游目的的，而且旅游的意义也不大，旅游者只有亲身参与到各种活动中，才能体验到快乐，也才能实现预期的旅游目的。体验式体育旅游与当前旅游市场的发展需求是相符的，体验式体育旅游活动的开展离不开一定的体育资源及旅游资源，依托这些资源活动组织者将健身、娱乐、休闲、交际等各种服务提供给旅游者，使旅游者在旅游活动中获得更多的快感和不一样的体验，从而对体育旅游的魅力有更深的感悟。

5. 回头率高

在传统旅游中人们主要是参观一些旅游景点，而且参观完一次后，一段时间内不会再重复到这个地区参观同一个景点，甚至在旅游者的一生中，同一景观只参观一次。而体育旅游并非如此，参与体育旅游活动的人爱好某个或某些体育旅游项目，会重复参与其中、乐此不疲，可见体育旅游具有高回头客率的特征。例如，喜欢滑雪、高尔夫球、登山等体育项目的人一般都会重复参加这些项目，甚至每周都会参与一两次。同一景区的体育旅游项目的回头客有很多。

6. 技能要求较高

传统旅游一般都不要求旅游者掌握一定的技术技能，旅行社的组团旅游更是如此。但体育旅游普遍都对参与者的身体素质和技术技能提出了一定的要求，例如，冲浪、攀岩、高山探险和滑冰等体育旅游项目要求参与者要具有良好的体能素质，掌握相应的技术技能。体育旅游不仅要求旅游者具备一定的技术技能和身体素质，还要求经营者具备一定的专业知识，购置相关的专业设备，聘用相关的专业人员等，只有各方面都达到一定的专业要求，体育旅游活动才能顺利有效地开展。

四、体育旅游的影响力分析

（一）体育旅游对经济的影响

1. 积极效应

旅游业的发展对推动国民经济的发展具有积极的影响，体育旅游作为旅游业的重要组成部分，同样能够促进国民经济的发展。具体来说，体育旅游在经济方面的积极影响表现在以下几方面：

（1）促进外汇收入

当前，世界商品经济高度发达，各国之间一般通过商品交换来建立经济关系，而且商品交换是以货币为媒介的。一个国家要想进一步加强与其他国家的经济联系，就要确保自身在世界经济市场上具有良好的购买力，而且必须对一定数量的外汇加以掌握。一般对一个国家的经济实力和国际支付能力进行衡量时，要看这个国家拥有外汇的数量，这是一个非常重要的衡量标志。

一个国家增加本国外汇收入的途径主要有两条，一是外贸途径；二是非贸易途径。前者称为贸易外汇，后者称为非贸易外汇。通过发展体育旅游业来增加外汇收入属于非贸易外汇。

发展体育旅游业能够促进国家外汇收入的增加，而且体育旅游业在创汇方面具有非常重要的积极影响，这是出口贸易创汇所无法企及的。换汇成本低、节省运输开支、不受一般贸易保护限制等是体育旅游业创汇的主要表现。

（2）增加就业机会

在国家政治和国民经济发展的过程中，都要面对一个非常重要的问题，即就业问题。不仅是劳动者的生存与发展会受到就业问题的影响，一系列的社会问题都与就业问题有关。衡量一个国家政局是否稳定，要看社会经济水平是否达到了一个较高的阶段，还有这个国家安排就业能力的大小，这是至关重要的一个衡量标志。当前，全球各国都存在着失业问题，这主要是由科技发展、劳动生产率提高、人口增长等因素造成的。面对这一问题，世界各国都在努力开辟就业路径，促进就业机会的增加，从而将失业率控制在一定的范围内。

社会上的就业机会一般是由部门、行业的发展所带来的。与其他行业相比，尤其是和重工业相比而言，体育旅游产业的发展在解决就业问题方面更具优势。体育旅游产业属于劳动密集型行业，而且这一服务行业具有突出的综合性特征，发展体育旅游产业，不但能够使体育旅游者在旅游过程中多方面的需求（如食、住、行、游、购、娱等）得到满足，还能推动其他行业的发展，这样社会上就会有很多的就业岗位供劳动者选择。

体育旅游产业的发展有利于扩大就业机会，这主要分以下两种情况：

①扩大直接就业机会

体育旅游者在旅游过程中的直接消费有利于扩大直接就业机会，如旅游者在旅游过程中难免会在商店、酒吧、夜总会等场所消费，因此这些场所就要招聘一定数量的服务人员来为消费者提供服务。

②扩大间接就业机会

体育旅游产业的发展会带动其他行业（制造业、建筑业、食品加工业等）的发展，而其他行业的发展离不开一定数量和质量的人力资源，这就扩大了间接就业机会。

体育旅游就业有其自身的特点，主要表现在以下两方面。第一，季节性变化。体育旅游具有明显的季节性特征，季节的变化会影响体育旅游就业，这为那些只需季节性就业的人（如学生、家庭妇女等）提供了良好的就业机会。第二，体育旅游产业为女性提供的就业机会多于为男性提供的就业机会。

（3）促进区域经济水平的提高，缩小地区差别

国际旅游的发展有利于促进外汇收入的增加，使财富转移到其他国家或地区，

而国内体育旅游的发展则能够使货币从国内一个地区转移到另一地区，这有利于更好地分配国民收入，促进国内地区间经济的协调发展。通常来说，一个旅游地区的经济越发达，游客就越多，经济发展滞后的地区一般很难吸引游客，但如果经济落后地区的体育旅游资源丰富且极具特色，也会吸引游客来访，游客在这些旅游目的地的消费会促进这些地区经济的发展，同时也会促进这些地区人民生活水平的提高，这样地区间的经济发展差距就会缩小。

我国西部山区、乡村和偏僻边远地区有很多有特色的体育旅游资源，这些地区的经济发展落后，人民生活条件较差，与东部经济较发达的地区有很大的差距。但这些地区通过发展体育旅游，改善了原来的经济面貌和环境质量，提高了本地人民的生活水平，同时也吸引了外界投资。可见，我国在扶持经济落后地区时，可采取旅游这一有效的途径。

体育旅游在推动经济发展方面的作用主要表现在扩大就业机会、增加税收、促进各相关行业的发展等方面。当前，各国在招商引资、开展经济合作的过程中，普遍都会采取一种非常流行的方式，即"旅游搭台，经贸唱戏"。

2. 消极效应

体育旅游在推动经济发展、增加就业、优化产业结构的同时，也会造成一些不好的影响，具体表现如下：

（1）使土地价格上涨

体育旅游者在购买旅游商品时一般需要花费较多的资金，这样零售商就可以获得很多边际利润。旅游目的地的零售商有些是为本地人服务的，有些是为游客服务的，这两种零售商之间存在着激烈的竞争，但显然后者更占优势，他们往往会通过提高价格的方式将费用负担转嫁给体育旅游者，从而获取高额利润。

体育旅游的发展对土地资源的需求进一步增加，建设宾馆、度假村、旅游设施等都需要大量的土地资源，但土地资源毕竟是有限的，供不应求的市场现状必然会导致土地价格不断上涨，这样建筑公司和土地拥有者的收入就会大大增加，但土地价格的上涨会使需要购房、租房的居民面临着非常大的压力，当这些居民不得不购房、租房时，自然就会增加开支，这很有可能导致通货膨胀的现象发生。

（2）体育旅游过度超前发展导致产业结构失调

体育旅游产业具有突出的依托性和综合性特征。依托性主要表现在交通、电力、通信等旅游相关行业的发展会从很大程度上影响体育旅游的发展，这是体育旅游从产生之初就一直存在的客观问题。体育旅游同时具有高度的综合性，因此体育旅游的发展必须与国民经济的发展保持一致，要想使体育旅游获得持续的发展，就必须在有关产业可承受的范围内发展体育旅游。

很多开发商都认为体育旅游这一行业投资少、见效快、效益高，对体育旅游的经济特点没有全面且深入的理解，因此就大肆开发旅游资源，扩大体育旅游市场，使体育旅游过度超前发展，这样不仅不会促进经济的发展，还会导致产业结构失衡，最终对体育旅游的持续发展造成制约。

体育旅游本身是比较脆弱的，所以各地在发展经济时，对体育旅游不能过度依赖。体育旅游产业是很不稳定的产业，因此国家和地区高度依赖体育旅游产业来发展本国或本地区经济是不合适的，只有适度发展体育旅游，才能积极发挥体育旅游在促进经济发展方面的作用和价值。

（二）体育旅游对社会文化的影响

1. 积极影响

（1）增长见识，促进人民生活质量和身心素质的提高

体育旅游是一种特殊的生活方式。人们在参与体育旅游的过程中，暂时离开自己平时生活的环境，去其他环境对更高层次、更有魅力的生活乐趣进行享受。体育旅游是一个充满欢乐的过程，各方面的生活内容在体育旅游中都有反映，人们参与体育旅游能够从不同方面享受生活。体育旅游同时也是锻炼人且充满挑战的过程，人们参与其中，身心会得到一定程度的磨炼，并会在不断挑战大自然和战胜自我的过程中获得快感。

陶冶性情、开阔胸襟、愉快精神也是体育旅游带给旅游者的意义与价值。人们在旅游过程中，暂时忘掉了生活和工作中的压力和烦恼，在参与体育活动的过程中与大自然近距离接触，从而获取积极的生活因素，即欢乐、健康、情感交流等。据统计，经常参与体育旅游活动的人发病率较低，而在常住地久居不动的人发病率比较高。适当在变换的环境中生活更有利于给人带来精神的愉悦与快感，而一成不变的生活会使人感到压抑。

体育旅游可以使旅游者的视野得到拓展，旅游者在旅游过程中会不断对地理、历史、文学、艺术等方面的知识进行学习与补充。体育旅游目的地的风俗人情、

生活习惯、民间艺术、服饰等都是社会文化的重要组成部分，旅游者了解这些社会文化，感受这些社会文化，其鉴赏水平和艺术修养就会得到提高，可见体育旅游有利于对高尚的情操和良好的审美能力的培养。

体育旅游有利于对旅游者的个性进行培养。体育旅游的教育意义非常突出，具体表现在培养意志品质和互助合作的团队精神方面，这方面的作用在年轻人身上表现得更为明显。年轻人通过参与体育旅游活动，可以深入体验社会生活，对现实有进一步的认识，从而养成积极面对现实的良好态度。社会生活复杂多样，充满欢乐又具有苦难，人们参与体育旅游可以认识社会生活的多面性，可以摆脱曾经不切实际的想法，可以正确面对自己的人生和未来的社会。体育旅游还有利于对人们的内在情感因素进行激发，有利于开发旅游者的智力，提高旅游者的艺术创造力。

体育旅游能够使人们的求知需求得到满足。人们在参与体育旅游的过程中，对大自然的奥秘进行探索，对社会现象进行洞察，从而能够学到多方面的知识。"读万卷书，行万里路"是我国自古就有的一句名言，这句话形象地说明了体育旅游在增进学识方面具有非常重要的作用和意义。旅游者在参与体育活动的过程中，与各种各样的事物和人物接触、交际，视野自然就能够变得开阔。作为一个综合性的学习园地，体育旅游涉及多种科目，如历史、地理、气象、天文、生物、考古、建筑、艺术、园林等，我们可以将这些科目总的概括为两大类，即社会科学和自然科学，可见体育旅游与自然和社会都存在着密切的关系。"处处留心皆学问"，旅游者只要在旅游途中多加留意，就能够学到很多平时学不到的知识。

体育旅游有利于促进人们身体素质的提高，促进人们身心协调发展。随着生产力的不断发展，社会生产技术水平日渐提高，我们已经步入了机械化、电气化乃至信息化的时代。在新时代，人们的体力消耗逐渐减少，日常生活与工作几乎都离不开电脑和网络，很少有人会经常与大自然接触。随着机械化和电器化时代的到来，环境污染日益严重，如空气污染、噪声污染等，这些都严重影响了人们的身心健康，加重了人们的精神苦恼。而体育旅游能够使人们摆脱这些苦恼，人们在旅游过程中与大自然接触，呼吸新鲜空气，接受阳光的沐浴，心里自然就会感觉舒畅，而且身体素质也会得到一定的提高。身心素质的提高有利于促进人们体力的恢复和工作效率的提高。

（2）促进人与人之间的相互了解

体育旅游属于一种社会交往活动。发展国内体育旅游，有利于促进各地区之间人民的友好往来；发展国际体育旅游，有利于增进各国人民之间的友谊，也有利于国家之间建立友好关系。促进国际关系的和谐，促进各国人民之间的了解等愿望都可以在发展体育旅游的过程中得以实现。社会各阶层因为有不同的政见，所以存在误解与矛盾，各种族之间也存在着不同程度的分歧，通过体育旅游，误解、矛盾、分歧将会得到缓解甚至消除，各种族之间的距离将会缩短，各阶层、种族之间相互理解与合作，建立深厚的友谊，这对促进世界和平具有非常重要的意义。

体育旅游是各国之间友好交往活动的主要形式。不管国家之间是否建立了外交关系，人民之间都可以通过体育旅游来相互认识、接触和了解，并建立深厚的友谊。可以说，体育旅游是官方外交的补充和先导，在某些方面所发挥的作用甚至超过官方外交。比如，中美两国政府在20世纪70年代还未建立外交关系时，两国乒乓球代表团就率先展开了接触与交流，这直接推动了两国政府建立外交关系，保持友好往来。

作为民间外交的重要形式，旅游具有以下三方面的特点：

①广泛性

政府之间的交流完全属于官方交流，但旅游并非如此，各个阶层、职业、信仰、年龄的人都可以和国外友人进行旅游交流。

②群众性

平民百姓是重要的旅游大军，或者说，旅游者都是以老百姓身份进行旅游的。一般来说，官方外交礼节、规格等不会对旅游者的思想和行动造成约束和限制，旅游者可以在法律和道德允许的范围内自由行动，旅游者在旅游过程中不需要有思想上的顾忌，可以随心地与他人接触和交谈，从而结识更多的朋友。

③灵活性

旅游者可借助各种不同的形式来与不同民族和阶层的人接触与交流，结交各种各样的朋友，在旅游过程中还可以对各种政治经济制度、民族文化、思想体系等进行考察。旅游者在发表自己的旅游感想时，可以自由选择各种形式，如写文章、座谈、演讲等，内容既可以是赞扬，也可以是批评。

体育旅游是一种新型的旅游形式，其以体育为纽带，这种旅游形式有利于使社会各阶层以及种族之间的距离缩短，使人们之间的偏见得以消除。人们在不断参与体育旅游活动的过程中，与他人建立了深厚的感情，有的是认识了新的朋友，有的是结识了一生的伴侣。随着体育旅游面的不断扩大，各国之间、各民族之间、人与人之间的障碍与矛盾将逐渐消除，谅解、友谊等逐渐取代了矛盾与隔阂，这非常有利于促进世界和平发展。

（3）促进民族文化的发展和保护

体育旅游与社会文化之间存在着非常密切的联系。随着体育旅游产业的飞速发展，其文化职能日趋凸显。体育旅游不但能够为旅游者参观文物古迹、游览自然风光提供机会，还有利于促进文物的保护、环境的美化以及民族文化的发展与繁荣。

社会文化是现代体育旅游发展的一大推动因素。体育旅游内容丰富，人们参与体育旅游活动，不仅是在感受体育生活，也是在享受文化生活。体育旅游资源、设施、服务等是体育旅游者在旅游过程中的基本需求，这些需求的核心内容都是民族文化。体育旅游者在旅游过程中对具有民族风格和地方特色的体育旅游设施进行不懈的追求，对生机勃勃且富有文化修养的体育旅游服务进行享受，这些都与社会文化息息相关。可以说，在现代体育旅游产业中，民族文化是作为灵魂而存在的。

2. 消极影响

体育旅游在促进社会文化发展的同时，也会给社会文化带来一些消极的影响，下面就体育旅游对社会文化造成的消极影响进行分析与研究。

（1）一味迎合体育旅游者需要

在体育旅游过程中，旅游者对较为原始、古朴的文化氛围普遍比较喜欢。有些地区之所以能够吸引体育旅游者，主要就是因为该地区文化特色突出。但也有很多体育旅游者对地方文化的真实原委漠不关心，也不想通过亲身体验来与当地人民进行沟通。他们大都只想按图索骥地找到已被严重歪曲的"东西"。

为了能够吸引大量的旅游者，一些生产旅游产品的商家往往会打着保护和恢复传统文化的幌子，不顾当地的客观实际情况，硬是"保留"一些原始部族，甚至对一些原始部族进行"制造"，制造虚假的原始部族后还会标上正宗传统文化的标签和美名,从而吸引游客前来参观欣赏,有经验的游客往往能够察觉出这些虚假的噱头。事实上,这些虚假的原始部族景点往往是会被旅游者诟病的。亚太地区、美洲、非洲和澳洲都不同程度地存在着这些情况。

体育旅游者将本民族的先进文明带到旅游目的地,这会在一定程度上冲击旅游地文化,旅游者有时在不经意间表现出的对旅游地文化的蔑视态度,很可能会使部分当地居民自惭形秽地将本地的文化传统否定甚至抛弃。有些人还有可能会因为感到自卑而不伦不类地对外来的文明进行模仿。

尊重是对待民族文化的最基本的态度,以上这些现象都严重伤害了旅游地居民的自尊心,使民族情感受到了严重的创伤,又导致体育旅游地居民产生了强烈的排外心理。

(2)违反道德水准的活动增加,犯罪率上升

从根本上来说,体育旅游是一种文明活动,它有利于陶冶性情,促进人民思想素质的提高。但随着体育旅游内容的不断丰富,赌博、色情等活动也出现在了人们的生活中。一些地区的体育旅游产业比较发达,这些地区的女性为了提高自己的社会地位及家庭地位,往往会走出家庭从事旅游服务工作。但是,这也会带来消极的影响,一些女性受金钱的诱惑,参与一些违反传统道德规范的活动,这样一来,她们的社会地位不但没有提升,反而更低了。在旅游旺季,旅游人口数量庞大,而且旅游者的流动性大,所以犯罪率在这一时期也会不断上升。

(3)对旅游地居民的日常生活造成干扰,使主客矛盾激化

大量的体育旅游者涌入旅游目的地,必然会对旅游目的地居民的生活造成影响,如果无法科学进行旅游活动,体育旅游目的地居民和旅游者之间的矛盾就会进一步加深。旅游地居民和旅游者之间的矛盾主要从以下两个方面体现出来:

第一,体育旅游目的地的接待容量毕竟是有限的,大量的体育旅游者涌入旅游目的地,不可避免地会导致交通堵塞、景观地区拥挤、公用设施紧张等情况发生。这些情况会影响到当地居民的日常生活,体育旅游者经常会遭到旅游地居民的埋怨。

第二,如果旅游目的地的物资(如农副产品、水、电、气等)供应能力有限,政府一般会减少当地居民的供应量,将一部分物资供应给外来体育旅游者,这样旅游地居民就很难维持正常的生活,导致生活质量不断下降,在旅游旺季这种现

象更严重。因此旅游地居民大多对体育旅游者持不满的态度，这样主客之间就很难建立友好的关系。

第二节 体育旅游产业概述

一、体育旅游产业的内涵与特征

（一）体育旅游产业的定义

近些年来，体育旅游的快速发展，已经使其成为大众旅游的重要组成部分。根据体育旅游的大众性与特殊性，我们可以将体育旅游产业概述为以体育旅游资源为凭借，以体育旅游者为主要对象，通过提供体育旅游服务满足体育旅游者需求的综合性产业。在这一定义下主要强调了以下三个方面：

第一，体育旅游产业将体育旅游资源作为主要依托。对一个地区或国家的体育旅游产业的发展，不可缺少的重要的物质基础就是体育旅游资源。事实上，体育旅游资源对体育旅游者具有比较强的吸引力，能够吸引更多的体育旅游者参与。

第二，体育旅游者是体育旅游产业的主要服务对象。

第三，体育旅游产业具有比较强的综合性。作为一个综合性产业，体育旅游的构成要素必然是多种多样的。通过分析我国的具体情况，根据体育旅游者在食、住、行、游、购、娱等方面的旅游活动，可以对体育旅游产业进行分类，主要分为直接体育旅游企业和间接体育旅游企业。所谓的直接体育旅游企业主要指的是依赖于体育旅游者的消费而得以生存的企业，这类企业主要有体育旅行社和旅馆餐饮企业等。所谓的间接体育旅游企业主要指的是间接为体育旅游者提供商品和服务的企业，体育旅游者不是主要的供应对象，体育旅游者的存在与企业的生存并不直接挂钩。这类企业主要包括销售企业、游览娱乐企业等。从这个角度来分析，对体育旅游产业的看法包括一般看法和较为全面的看法，一般看法关系着直接体育旅游企业，较为全面的看法包括直接体育旅游企业、间接体育旅游企业以及各类体育旅游组织。

（二）体育旅游产业的性质

一个国家发展旅游的动机往往都会在不同程度上与政治、社会和经济几个方面有着一定的联系，并且往往以其中的一项作为重点，兼顾其他两个方面。但是，以旅游业的发展状况为主要依据，国家会对旅游动机的重点进行适当的调整。可以说，这是一个国家政治、经济和社会发展的需要。从国家的角度来看，推动和促进旅游发展是一项有着多重目的的事业，对此的重视程度也相对高一些。

在我国市场经济条件下，旅游业作为一项产业，其将通过对旅游的推动和提供便利服务来从中获取收入作为主要目的。以营利为目的并需要进行独立核算的经济组织，就是所谓的企业，各类旅游企业是旅游业的主要构成要素。由此可以得知，旅游业有着较为显著的营利性质。因此，旅游业也必须进行经济核算。另外，需要强调的是，从根本上来说，旅游业是一项经济性产业，并没有被列入文化事业的范畴，而是国民经济的组成部分。

总的来说，体育旅游是现代大众旅游中的一项特种旅游，是旅游业的重要组成部分。体育旅游属于经济性产业范畴，有着较为显著的经济属性，具体来说，就是其是具有经济性质的服务行业，并且将通过为体育旅游者的体育旅游活动提供便利服务而获取经济收入作为其根本目的。

（三）体育旅游产业的特征

体育旅游产业的基本特征主要表现在以下几个方面：

1. 综合性

体育旅游产业具有较强的综合性特点，体育旅游者的消费特点是这一特征的主要决定性因素。体育旅游产业本身就是以提供各种服务，满足体育旅游者的各种需求，并从中获得盈利为主要目的的。体育旅游者的需求是多种多样的，不仅包括单一的旅游服务，还有整个旅游行程中的食、住、行、游、购、娱等多方面的需求。体育旅游者对体育旅游的需求是多方面的，为了更好地满足体育旅游者的需求，需要发展多种多样的企业类型。不同类型的企业分属于不同的行业，因体育旅游而联系在了一起，这样一来，各种类型的企业就形成了相互联系的集合体。体育旅游产业的构成是比较复杂的，服务类型多种多样，在一定程度上体现了体育旅游产业的综合性。

2. 服务性

当前，第三产业的发展速度较为迅速，体育旅游产业作为其重点发展的产业，越来越多人开始对其予以高度的重视。为体育旅游者提供全方位的服务是体育旅游产业的主要任务，也是其主要产品。在体育旅游过程中难免会出现具体形式的产品因素，但体育旅游者的需求更多地体现为精神层面的需求。体育旅游企业往往会出售给体育旅游者一些产品，这些产品只能够唤起体育旅游者的回忆，增加对体育旅游的印象，但这些产品并不能展示体育旅游的全部价值。这是因为体育旅游的价值并不只体现在物化的消费品中，还体现在整个体育旅游过程中体育旅游者所享受到的服务体验。这也充分体现出了体育旅游产业的服务性特征。

3. 依托性

体育旅游产业属于一种具有较高依托性的产业，这一特征主要可以从以下三个方面体现出来：

第一，国民经济是体育旅游产业发展的重要依托。随着国民经济的迅速发展，人们的生活水平不断提高，可支配收入不断增加，人们有更多的闲暇时间来参加体育旅游活动，在一定程度上促进了体育旅游的发展，体育旅游者的数量不断增多，消费水平日益提升。

第二，体育旅游资源是体育旅游产业发展的重要依托。体育旅游资源在体育旅游产业发展过程中发挥着十分重要的作用，是体育旅游产业发展的客观基础。对国家和地区来讲，体育旅游资源越丰富，体育旅游产业发展基础就越雄厚。

第三，体育旅游产业的发展需要各部门的通力合作。各有关部门只有协调发展，才能为行业的发展提供必要的支持，体育旅游的各种经营活动的顺利进行将会受到严重的阻碍。

4. 风险性

体育旅游产业作为服务业的重要组成部分，也属于较为敏感的行业，竞争压力非常大，具有很大的风险性。社会发展中的各因素如果发生了变化，体育旅游产业的发展就会受到一定的影响。主要体现为以下两方面：

第一，体育旅游需求的弹性是非常大的，受多种因素的影响。如果自然、政治、经济和社会因素发生了改变，体育旅游就会因此产生一定的变化，进一步影响体育旅游产业的发展。

第二，体育旅游产业的依托性也在一定程度上导致其在发展过程中会存在较大的风险。高度依托其他产业，使体育旅游产业的发展更加容易受到整体经济发展水平的影响，这是一种必然。一旦相关的链接产业出现波动，将会直接传递到体育旅游产业中来。

5. 关联性

由于受到体育旅游产业综合性和依托性特征的影响，体育旅游产业成为一个由多种行业构成的产业群体，并且将其各产业间的高度关联性突显了出来。这种关联性不仅体现在住宿餐饮业、交通运输业、观赏娱乐业等直接为体育旅游者提供产品和服务的行业中，同时，也体现在间接为体育旅游者提供产品和服务的行业中，比如食品、地产等行业。体育旅游产业的发展不是孤立的，而是与其他产业存在着紧密的联系，体育旅游产业的发展能够带动其他产业的发展。因此，我们也可以将体育旅游产业称为"引爆产业"。

6. 涉外性

当前，国际化的旅游模式逐渐成形，体育旅游产业逐渐成为国与国之间沟通交流的重要方式，体现了较强的涉外性特点。现阶段的体育旅游已经发展成为跨国界的广泛地人际交往活动。对一个国家来讲，既可以成为体育旅游的接待国，也可以成为体育旅游的客源国。不同国家具有不同的社会制度，生活方式也有很大的差异，社会文化多种多样，从这个角度来分析，国际体育旅游产业体现了较强的政策性，涉外色彩比较浓厚。

二、体育旅游产业的分类

（一）按资源分类

体育旅游具有自身的独特性，按照这些特性可以对体育旅游产品进行分类，主要分为大众体育旅游资源和极限体育旅游资源两类。大众体育旅游资源主要包括健身、休闲和娱乐等活动，极限体育旅游资源运动难度和运动强度都比较大，比如探险、溯源、寻踪等活动。体育旅游具备多种功能，根据不同的功能也可以对体育旅游进行分类，主要分为娱乐性资源、观光性资源、探险性资源。体育旅游具有各种动机，可以根据动机对体育旅游进行分类，主要分为休闲型资源、观赏型资源、民俗型资源。体育旅游具有不同的承载力，根据承载力可以对体育旅游进行分类，主要分为脆弱性资源、耐受性资源、再生性资源、不可再生性资源。体育旅游资源的成因各有差异，根据不同的成因也可以对体育旅游进行分类，主要分为自然资源、人工资源、人文资源。体育旅游的地况情况也是不同的，根据地况也可以对体育旅游进行分类，主要分为海滨资源、沙漠资源、热带森林资源。

（二）按形态分类

1. 参观型

所谓的参观型体育旅游可以理解为旅游者利用视觉、听觉等感官，体验体育活动，观赏体育建筑场馆，欣赏体育艺术景点，感受体育特色文化的过程。获取愉悦的感受是参观型体育旅游的主要目的。参观型体育旅游有其自身的独特性，致力于获得与体育相关的审美体验，引导旅游者体验和感受体育美。旅游者通过参与参观型体育旅游可以获得体育审美情趣。

2. 比赛型

所谓的比赛型体育旅游可以理解为以参与某种体育比赛为主要目的的旅游活动。比赛型体育旅游会涉及多种人员，比如运动员、教练员、体育迷（观众）、媒体人员等，这些人员为了各种目的而参加体育竞赛，从各地赶到比赛场地，这种旅游活动就属于比赛型体育旅游。比赛型体育旅游的特点是选手、教练、裁判、观众、记者、组织者以及从外地来的工作人员等，除了参加与比赛相关的活动外，还要在该地游玩、观光；竞赛型体育旅游者到访地点明确，时间集中；重大比赛的体育旅游者中"体育迷"所占人数比例最大；旅游者在赛事举办地停留的时间长短与比赛进程相联系；旅游者对体育或某一项目有强烈的兴趣和爱好，并具备相应的体育项目知识。

3. 娱乐型

所谓的娱乐型体育旅游可以理解为旅游者在特定的假期中为了消除疲劳、释放压力、娱乐消遣而参与具有体育意义的旅游活动。娱乐型体育旅游往往不是单独存在的，可以与旅游目的地的特色体育项目结合在一起，也可以与民族传统体育活动相结合。娱乐型体育旅游最大的特点是，旅游者是在某个假期或节假日期间所参与的体育旅游活动。娱乐型体育旅游的目的地也较为明确，但不同于竞赛型体育旅游的是，竞赛的时间一般不长且固定，而度假的时间却可长可短。此外，娱乐型体育旅游者所参加的项目大多是娱乐型或民族传统型的体育活动，即竞技性不强但参与度很高。

4. 休闲型

休闲型体育旅游具有自身的目的，主要是娱乐休闲、体育健身和运动疗养。旅游者通过参与各种旅游活动，能够健身、娱乐和休闲，使旅游者的身体得到放松，也能够消除旅游者的疲劳，使旅游者心情更加舒畅。休闲型体育旅游具有自身独特的特点，在娱乐休闲中实现健身是休闲型体育旅游的最大特点。一般参与休闲型体育旅游的旅游者或多或少带着健身的目的。这里需要注意的是休闲型体育旅游中的健身与传统意义上的健身有着明显的区别，休闲型体育旅游中的健身具有一定的休闲娱乐性。

5. 拓展型

拓展型体育旅游主要目的是磨炼旅游者的意志，陶冶旅游者情操，完善旅游者的人格，基于此，需要精心设计拓展训练内容，选择合理的活动形式，组织旅游者在自然环境和人工环境中进行探险旅游、猎奇挑战。通常情况下，拓展型体育旅游需要一定的场地设施，比如人工和自然的水域、野外的山区陆地等。拓展型体育旅游是一种比较新颖的旅游形式，随着拓展训练越来越受到现代人的推崇和青睐，很快就在很多国家发展起来，目前在全世界不少国家和地区已经建立了多所拓展训练学校。

6. 极限型

人们参与极限型体育旅游有着重要的目的，一方面是为了征服自然屏障，另一方面是为了战胜和超越自我。从这个角度来分析，极限型体育旅游是人类对自身生理和心理的一种极限挑战。因此极限型体育旅游项目往往具备较大的难度，也具有一定的风险。追求刺激，挑战极限，是极限型体育旅游的最大特点。面对危险绝不能冒险蛮干，如攀登8000米以上高峰和穿越大面积荒漠等，一般未经专业训练和不具备专门知识的人不宜从事，故被称为少数人的运动。但由于这类活动已得到越来越多人的关注，并且部分项目现已被简化并给予相应的安全保障，如人造攀岩墙和经过清理的漂流河道等，使越来越多的人能够参与其中。

三、体育旅游产业在体育旅游中发挥的作用

作为体育旅游的重要组成部分，体育旅游产业是体育旅游得以发展和实施的重要载体。因此，从某种意义上来说，体育旅游产业的发展，对体育旅游的发展有着非常重要的推动作用。具体来说，其推动作用主要体现在三个方面，即供给作用、组织作用以及便利作用。

（一）供给作用

体育旅游产业在推动体育旅游发展方面所起到的供给作用，主要从它是体育旅游供给的重要提供者方面得到体现。这种供给对体育旅游来说是非常重要的。可以说，如果没有这种供给，即时体育旅游并不能呈现出自生自灭的现象，其发展速度也会在一定程度上受到影响；相反，如果有了体育旅游产业的供给，就能够有效保证体育旅游由小到大、由弱到强、健康有序地发展，从而为体育旅游市场的不断壮大起到重要的推动作用。由此可以看出，作为体育旅游发展的领军部门，体育旅游产业在推动体育旅游发展中的作用是不容忽视的。

（二）组织作用

体育旅游产业的组织作用在推动体育旅游发展中也是较为显著的。需求和供给是体育旅游产业不可缺少的相辅相成的两个重要方面，体育旅游产业的存在和发展也离不开需求和供给。体育旅游需求和体育旅游产业供给是相互作用的，缺一不可。从供给角度来分析，体育旅游产业需要以市场需求为导向，根据市场需求来合理配置自己的配套产品，为体育旅游消费者提供优质的服务。从需求角度来分析，体育旅游产业需要采取一定的措施为自己的产品吸引客源，引导体育旅游消费者流向自己的产品供给。这种组织就将供给和需求双方联系了起来。在旅游业发展的早期，其组织作用就是非常重要的。充分发挥旅游业的组织作用，能够推动体育旅游产业的规模发展。体育旅游产业发挥组织作用，产生了非常多且有意义的结果，其主要从现代包价体育旅游的推出和包价体育旅游团以及自助的"背包客"的流行等方面得到体现。

（三）便利作用

合理利用体育旅游产业提供的便利服务，能够顺利完成体育旅游活动，这在

一定程度上体现了现代体育旅游的主要特点，另外，利用体育旅游产业提供的便利服务逐渐发展成为一种常规化的旅游模式。现阶段，旅游者充分利用体育旅游产业提供的旅游服务已经是一种比较常见的现象。虽然旅游者旅游的主要目的并不在于此，但是不可否认的是，体育旅游产业提供的旅游服务发挥着非常重要的作用。旅游服务联系着客源地和目的地，同时连接着旅游动机和旅游目的。在旅游过程中可能会遇到各种各样的困难和问题，但是通过体育旅游服务能够得到有效解决。与此同时，体育旅游服务也能够安排好旅游者的旅行以及在旅游目的地停车期间的生活和活动。由此看来，体育旅游产业具有很强的便利作用。这种便利作用有助于促进体育旅游活动的发展。在这种便利作用的刺激下，体育旅游活动的规模不断扩大，人们能够外出进行体育旅游的地方越来越远，项目也越来越精彩、刺激，在很大程度上促进了体育旅游的扩大化发展，并且突破了地域性的局限，为体育旅游朝着更广大的范围发展起到了积极的促进作用。

综上所述，现代体育旅游活动之所以能够发展到今天的规模，有赖于体育旅游产业的便利作用。可以说，现代体育旅游中完成体育旅游活动必不可少的因素就是体育旅游产业，同时体育旅游产业也有助于体育旅游活动的开展，具有典型的积极、活跃的特征，在体育旅游的发展过程中，要进一步重视这一方面。

四、体育旅游产业的运行

（一）体育旅游产业的运行平台

在体育旅游产业中，存在着各种各样的业务，比如进行产品推广与供给，进行信息传递与共享等，完成这些业务最重要的载体就是体育旅游产业运行平台。体育旅游产业的运行过程需要一定的支撑，首先需要借助体育产业与旅游产业的运行方式，其次还需要根据自身的特点进行提升和改进。将原有资源平台的功能充分发挥，并在此基础上，进一步拓展体育旅游产业的发展内容，改革和创新体育旅游产业运行方式。从整体上来看，体育旅游产业的运行平台主要包括两大类型，分别是线下的实体平台和线上的互联网信息平台。体育旅游产业要想健康运行，离不开实体平台和网络平台的共同作用。

1. 实体平台

在体育旅游产业中，运行发展的基本平台就是实体平台。消费者能够真正接触的平台也是实体平台。对体育旅游产业各参与者来说，实体平台的存在为他们进行交流和沟通提供了便利条件。通过实体平台，各参与者能够实现信息的直接传递，也能够实现资源的直接分享。因此可以说实体平台为体育旅游产业的发展提供了物质保障，体育旅游产品创新和服务创新离不开实体平台的支撑。在体育旅游产业中，运行的实体平台包括各种组织形式，比如旅行社、俱乐部、行业协会和相关企业等。

（1）旅行社

体育旅游产业要想快速发展，就离不开旅行社这一重要实体平台。旅行社肩负着重要的职责，比如策划体育旅游赛事、组织体育旅游项目、开发体育旅游市场等。在体育旅游产业的发展过程中，旅行社是基本平台。体育旅游产业要想进行产品创新，或者开发体育旅游产品，离不开旅行社发挥宣传和推广的作用。在早期，体育旅游消费者对旅行社等实体门店具有很强的依赖性。后来，体育旅游产业不断发展壮大，消费者的体育旅游需求越来越细化，旅行社等传统门店为了更好地应对市场竞争，正在逐渐转型，由传统的门店模式逐渐转变为体验店模式。旅游企业通过旅行社可以进行最直观的宣传。旅行社的体验店模式并不是凭空生成的，而是具有一定的理论依据，其中最重要的理论依据就是体验经济学原理。旅行社的体验店模式能够更好地满足旅游者的体验性需求，便于体育旅游产业进行实体平台推广。

（2）俱乐部

作为社会组织的体育旅游俱乐部具有典型的群体性特征，通俗来讲俱乐部就是体育旅游相关主体聚集在一起进行体育旅游活动的组织团体。体育旅游俱乐部发挥着十分重要的作用，有利于促进体育产业与旅游产业的融合发展，同时也为体育旅游产业的发展提供了新的路径，为各类体育旅游活动的开展提供了新的动力。通常情况下，组建体育旅游俱乐部的人主要是有共同兴趣的成员，比如体育旅游爱好者、体育旅游产品制造商等。体育旅游俱乐部对体育旅游爱好者来说是非常重要的，能够为旅游爱好者进行知识交流和经验分享提供便利条件。而体育旅游产品制造商能够提供相应的出行设备，便于体育旅游活动的开展。

(3) 行业协会

在体育旅游产业中，行业协会既不属于相关政府机构，也不属于体育旅游企业，而是介于二者之间。体育旅游行业协会是一种社会中介组织，在体育旅游活动中肩负着重要的职责，能够为各类主体提供咨询、沟通和协调服务。从这个层面来讲，体育旅游行业协会主要发挥的是桥梁和纽带作用，对接体育旅游行业各种资源，为体育旅游行业的发展注入了新的活力，有助于体育旅游产业的持续、健康发展。体育旅游行业协会形式多样，通常由社会团体自发组成。这种行业组织具有典型的特征，主要表现为区域性、行业性和非营利性。体育旅游行业协会需要在相关部门进行备案登记。

(4) 相关企业

相关企业为体育旅游产业运行发展提供了重要的保障。在体育旅游活动中，涉及的相关企业包括多种类型，比如体育企业、旅游企业、支撑服务性企业等。各类企业相互合作，具有相同的目标，也就是促进体育旅游产业健康、可持续发展。体育旅游产业的运行离不开各类企业的参与和互动，主要涉及体育企业、旅游企业和支撑服务性企业，单纯依靠某一企业无法充分发挥体育旅游产业融合的优势。只有协同发展各类企业，才能推动体育旅游产业的健康运行。相关企业在体育旅游产业的发展过程中发挥着重要的作用，比如体育企业，为体育旅游的发展提供了相应的设施和场地；比如旅游企业，为体育旅游的发展提供了娱乐服务；比如支撑服务性企业为体育旅游的发展提供了餐饮、住宿、购物等支撑服务，在一定程度上拓展了体育旅游产业的体系内涵，能够充分发挥体育旅游产业的优势。体育企业、旅游企业与支撑服务性企业利用各种方式进一步深化了体育产业与旅游产业、体育旅游产业与关联产业的联系，有效增加了体育旅游产业的附加值。

2. 网络平台

在体育旅游产业中，虚拟平台就是网络平台。从某种意义上来说，网络平台是体育旅游产业实体平台的延伸。随着互联网的迅速发展，体育旅游产业的发展迎来了新的契机。对体育旅游产业平台来说，其发展的新方向就是将互联网与体育旅游产业结合起来。互联网的快速发展使得网络信息的传递更加高效、便捷，进一步创新了体育旅游产业的运营方式。体育旅游产业运行平台出现了新的模式，即"互联网＋体育旅游"。在体育旅游产业中融入互联网因素能够推动体育旅产业的迅速发展。互联网平台具有超越实体平台的独特优势，在体育旅游产业领域进一步使用互联网技术能够加快体育旅游产业的发展，为体育旅游产业附加更大的价值。

（1）电子商务

互联网是体育旅游电子商务的主要媒介，旅游信息库和电子化商务银行是体育旅游电子商务的重要基础。体育旅游电子商务体系采用了最先进的电子手段，以此来运作体育旅游产业及其分销系统。电子商务在体育旅游产业中发挥着重要的作用，为体育旅游产业提供了互联网营销平台，有助于促进体育旅游参与主体进行知识共享，同时也为各主体进行沟通交流提供了网络化运营模式，很大程度上有助于体育旅游消费者与体育旅游供应商之间达成交易。从这个层面上来说，电子商务有助于帮助体育旅游产业进行转型升级，同时实现体育旅游产业经济效益的提升。

（2）网络社区

网络社区通俗来讲就是网络化和信息化的社区。如果网络社区具有相同的主题，那么这个网络社区就会吸引一大批具有相同志趣的个体在此聚集。网络社区对体育旅游产业的发展起到了一定的推动作用。在网络社区的帮助下，体育旅游产业可以进行更广范围的推广，同时有助于体育旅游产业建立品牌。在网络社区中存在着虚拟的平台，各主体通过这些虚拟平台有助于促进信息的互动与共享，在一定程度上有助于促进体育旅游产业发展，能够有效增强体育旅游活动的吸引力。

（3）搜索引擎

对体育旅游爱好者来说，利用搜索引擎可以更快速地获取有效信息。垂直搜索引擎是其中的典型代表，发挥着重要的作用。垂直搜索引擎能够整合各类门户网站和专业网站，为体育旅游产业的供给和需求双方提供交流沟通的渠道。另外，也能够有效转移信息搜索和消费者的关注点，促进社会媒体向更加开放的方向转型，为决策提供更加专业的数据支持。通过搜索引擎还能够加强参与者的互动和沟通，更加清晰地了解消费者的出游意愿。

（4）智慧服务

在体育旅游产业中，智慧服务是其运行的重要网络平台。体育旅游产业可以引进云计算、物联网等先进的科技，使体育旅游产业积极融入互联网，优化资源分配模式，创新业态发展模式。智慧体育与智慧旅游相互渗透、相互融合，智慧服务平台为其提供了重要保障。智慧服务平台有助于实现体育旅游活动中的智慧医疗，同时促进体育旅游活动智慧出行的发展，为体育旅游活动中的智慧零售提供了便利条件。智慧服务在体育旅游产业中发挥着十分重要的作用，一方面，能够有效提升体育旅游产业中的科技贡献率；另一方面，能够有效提升体育旅游产业的资源匹配效率。在体育旅游产业中，智慧服务网络平台能够充分激发体育旅游产业的发展潜力，将智慧服务与旅游、体育旅游产业相互结合，有着广阔的发展前景，同时也体现了互联网技术和体育旅游产业的融合发展，有助于引导和促进体育旅游产业的转型升级，从而带动区域经济的发展。

3. 平台对接

现阶段，人们越来越广泛地使用互联网技术，体育旅游产业的发展也逐渐融入了互联网思维，使体育旅游产业的发展模式逐渐出现了转变。互联网对体育旅游产业的发展起着重要的推动作用，能够促进线上网络平台与线下实体平台的融合发展，使线上网络平台能够无缝对接线下实体网络平台，在一定程度上有助于促进体育旅游产业中实体平台与网络平台的信息沟通，同时也有助于实现实体平台与网络平台的资源合理配置，进一步推动体育旅游产业的健康发展。在体育旅游产业运行的过程中，实体平台与网络平台不是相互独立的，而是相互联系、相互影响的。体育旅游产业的发展需要两个平台的相互对接。从这个层面来看，体育旅游产业发展的重要战略就是将线上平台和线下平台结合。

体育旅游产业运行的实体平台和网络平台在实践发展过程中具有多种多样的表现形式，比如，线上旅游电商平台和线下实体旅游产品连锁超市的结合模式、线上营销和线下营销相结合的模式等。体育旅游实体平台与网络平台的结合覆盖了非常广的范围，既包括对体育旅游产业某一环节的结合，又包括体育旅游的整个产业链的结合。体育旅游产业要想运行好，应当将实体平台和网络平台的优势充分发挥出来，充分分析体育旅游产业的性质，在此基础上不断完善综合性运行平台，在一定程度上提升体育旅游产业运行效率，有效促进体育旅游产业经济效益的提高。

（二）体育旅游产业的运行路径

需求因素、技术因素、政策因素和竞争因素会对体育产业和旅游产业产生十分重要的影响，当这些动力条件出现时就会打破体育产业与旅游产业之间的边界，促进体育产业与旅游产业的渗透和融合，并形成了新的业态形式，即体育旅游产业。体育旅游产业既包含体育产业的特质，也涵盖了旅游产业的特质。体育旅游产业有自身的运行路径，体育旅游产业的运行路径主要指的是体育旅游产业的实现途径，通俗来讲就是实现体育旅游产业的融合与发展应该采取怎样的形式。从本质上来说，体育旅游产业的运行可以说是体育旅游产业链的解构和重构的过程。从某种意义上来讲，体育旅游产业链解构的阶段和方向决定着体育旅游产业运行的起点和参与主体，不同阶段和不同方向的解构产生了不同的运行路径。产业链和价值链等理论是体育旅游产业运行路径的重要基础。从整体上来看，体育旅游产业的运行路径主要分为需求导向型、资源互嵌型、技术融合型三种基本运行路径。

1. 体育旅游产业的运行路径基础

产业链理论是体育旅游产业运行路径的重要基础。由此看来，产业链理论在体育旅游产业运行中发挥着重要的作用，为体育旅游产业运行路径提供了理论支撑。通过深入分析产业链的理论思想，能够更加清楚地了解体育旅游产业链的构成，更加清晰地认识到体育旅游产业的内部运行机制，进而推动体育旅游产业的健康发展。

（1）产业链

产业链的表现形式是多种多样的，较为常见的表现形式有价值链、企业链、供需链、内容链。产业链具有自身特征，能够在经济运行中发挥重要的作用。产业链最显著的特征为增值性、循环性和层次性。产业链还发挥着推动企业持续创新的效应，在一定程度上能够降低企业的交易成本。产业链的存在加强了各产业间的联系。产业链的运行机制能够有助于优化产业间的连接方式，产生一定的集群效应，另外，还会产生产业协同效应。产业链中的核心价值要素发挥着关键性的作用，应用和推广核心价值要素能够促进产业间的融合，加快各组成部分价值整合和知识整合的速度，推动新的产业形态地形成。

（2）产业价值链

在产业链中比较重要的内容是价值链。从价值角度深入分析和探讨产业链各个环节价值创造活动是十分有意义的，能够更好地理解和把握体育旅游产业链的价值创造的意义。价值可以理解为用户购买企业产品所支付的价格。产业链中的各企业是相互联系、相互推动的，企业创造价值是一个动态的过程，在内部和外部相关环节的共同作用下，企业在价值创造过程中会发生价值转换，并形成新的产业形态。没有形成产业链之前，各企业的价值链是相互独立的，在产业整合的作用下，相互联系的企业进入一个产业链系统内，相互融合、相互推动，产业价值链由此产生。产业价值链的整合是非常重要的，是产业链整合的重要手段。

（3）体育旅游产业链

对体育产业、旅游产业及其相关产业进行重新整合，由此形成新的经济技术关联就是体育旅游产业链。体育旅游产业链越合理有效，体育旅游产业越能实现自身的产业价值，体育旅游产业越能获得大规模发展。深入分析体育旅游产业链是非常有价值的，能够更加清楚地了解产业的上下游结构，更加明确体育旅游产业链中的关键环节。如此一来，在整个体育旅游产业链条中，产业发展的突破点和创新点就会显现出来。在体育旅游产业发展过程中，其发展路径就会体现产业特色，在一定程度上有助于促进体育旅游产业的产业结构优化升级，进一步提升产业的价值，并且推动相关产业的健康发展。体育旅游产业发挥了重要的分解作用，有效分解了体育产业与旅游产业价值链的某些价值环节和原有产业价值链，由此产生了相对独立价值活动单元。最终形成了新的体育旅游产业融合价值链。

2. 体育旅游产业的运行路径类型

根据体育旅游产业链的相关分析，体育旅游产业运行路径主要包括需求导向型、资源互嵌型、技术融合型三种基本类型。

（1）需求导向型

需求导向型可以理解为人们的消费内容、特点发生一定的改变，使消费需求发生相应的改变，为了更好地适应新需求，产品和服务供应出现了新的变化，新的市场由此形成。在新市场内出现了新的需求和新的供应，形成了新的产业体系。产业运行的最基本路径是需求导向型，消费者是产业链中供需链变化的主要推动者。需求在体育旅游产业运行中发挥着重要的导向作用。具体体现在以下两个方面：

一方面，需求催生产业。消费需求能够推动体育旅游产业的形成和发展。首先，随着人们生活水平越来越高，人们对生活质量有了更高地追求，在参加体育旅游活动时，人们更注重参与性和体验性。这就要求体育产业与旅游产业相互融合，进一步促进体育旅游产业的形成与发展。其次，消费者在体育旅游产品和服务方面的需求越来越多样，消费者去异地进行参观、比赛或者休闲养生等活动时，希望获得综合性服务。这就为体育和旅游的结合提供了机遇，"一站式"服务形式有了广阔的市场。

另一方面，需求完善产业。消费者越来越多样的需求推动着体育旅游产业各环节的日益完善，在宽度和广度方面体育旅游产业不断扩大。人们在现实生活中的生活条件各有差异，对体育旅游的需求也呈现差异性特点。体育旅游需求的多样性包含十分丰富的内容，不仅包括了产品的需求，还包括营销方式的偏好、购买渠道的选择等。为了更好地满足差异性的需求，体育旅游产业的各环节需要不断地进行完善升级。才能实现体育旅游产业的健康发展。

（2）资源互嵌型

资源互嵌型的基础是资源，资源之间不断进行整合、渗透和重组，由此产生了具有融合特征的产品和服务。为了满足新的市场需求，新的产业不断形成与发展。产业链内容出现相应的变化，是资源互嵌型产生的前提条件。资源互嵌不仅是产业融合的重要方面，也是产业运行的重要动力。

在体育旅游产业运行过程中，要想实现资源的互嵌发展，需要将体育资源与旅游资源进行深度的融合。体育产业的本体资源主要包括体育赛事、体育场馆、体育健身等。旅游产业的本体资源不仅包括自然资源，还包括一定的人文资源。自然资源主要是指山、水等，人文资源主要指节日、风俗等。自然资源和人文资源具有一定的共性和延伸性，这些特性为自然资源和人文资源的融合创造了可能。开发和整合自然资源和人文资源，能够增强旅游体育旅游产品的市场吸引力。资源互嵌型的产业有其自身的运行路径，主要表现为区域体育资源的开发。对于某个区域来说，充分发挥体育资源的优势，借助完善的体育旅游配套系统，能够在一定程度上推动体育旅游产业的发展。

（3）技术融合型

技术融合型指的是产业间技术由某一方向另一方扩散或是共享相似技术的类型。对于不同产业间的各类技术来说，在标准、规划、技术手段等方面存在着一致性，这就为产业的发展提供了一定的便利条件，有助于推动产业的运行。在产业链中的市场链，常常会出现技术融合型，其主体是产品供应商。产业间技术的一致性为产业的融合与运行提供了新的突破点。

在体育旅游产业中，技术融合型运行路径通俗来讲就是体育旅游产品的供应商不断开发体育产业与旅游产业的一致性，逐渐完善并最终形成体育旅游产业体系的过程。首先，体育产业与旅游产业在很多方面存在一致性，比如二者的行业标准具有重叠性，在规划设计上具有协同性。合理规划和设计体育产业和旅游产业的硬件设施、人力资源和组织方式，促进体育旅游产业的健康发展。其次，从产业属性上来讲，体育产业与旅游产业存在着一致性，互联网技术因素不断融入体育产业和旅游产业的发展中，使二者在运行平台和商业模式等方面采用的技术手段比较相似。体育行业和旅游行业相互融合、相互渗透，逐渐涌现出了专业的体育旅游企业与组织，进而催生出了体育旅游产业。

第三节 体育旅游产业的发展现状与策略研究

一、国内外体育旅游产业的发展现状

（一）国外体育旅游产业的发展现状

关于体育旅游的记录可追溯到公元前776年的古奥林匹克运动会，运动会将强化人们的文化融合观念作为主要目的，但是罗马人还是把体育与旅游结合起来，在奥林匹克运动会期间吸引数万名来自希腊各地的观众。然而在古代，由于受到社会经济发展水平和交通运输落后等多方面的影响，普通人外出旅游和参加体育活动的机会非常少，如在罗马帝国时期，娱乐性旅游活动的参与者都是贵族和上流社会人士。在这种情况下，没有形成真正意义上的旅游业以及体育旅游。可以说，这是真正意义上的旅游业形成的一个重要背景和前提。

19世纪中叶近代旅游业开始发源，1841年，英国人托马斯·库克开始了旅游生涯，他不仅创新了旅行理念，还组建了专业的旅游经营机构，为旅游者提供综合性的旅游服务，使旅游活动的形式变得多种多样，开启了近代旅游业发展的新篇章。随后，在欧洲逐渐涌现出了许多的类似组织，能为旅游者提供更优质的服务。随着工业革命轰轰烈烈地开展，大大提升了生产力，在很大程度上改善了人们的生活水平。这一时期，交通运输设施日益完善，这些因素都极大地推动了旅游业的发展，使旅游者的数量不断增加，也推动了旅游业相关产业的发展。

欧洲的文艺复兴和工业革命，使人们的观念更新，劳动生产力也得到了解放，社会经济得以快速发展，为现代旅游业的产生奠定了基础。事实上，体育旅游与近代旅游业基本上保持了相同的发展步调。1857年，专门为登山旅游爱好者提供旅游服务的登山俱乐部在英国出现。1883年，专门为滑雪爱好者提供各种服务的滑雪俱乐部在挪威、瑞士等国出现。1885年，专门向野外活动旅游者提供野外食宿、设施、服务的野营（帐篷）俱乐部在英国出现。1890年，专门为旅客提供类似的旅游服务休闲观光俱乐部逐渐在法国、德国等国出现。

19世纪后半期，欧美国家经济发展迅速，人民生活水平越来越高，可支配收入越来越多，有更多的闲暇时间去参加旅游活动。人们越来越热衷于参加休闲、度假、疗养等时尚活动，由此大量的疗养胜地、度假中心、娱乐场所逐渐发展起来。室内娱乐项目发展也较为快速，出现了多种多样的运动方式，比如台球、桥牌、保龄球等。户外休闲体育健身活动越来越多样化，出现了登山、滑雪、漂流等体育项目。

20世纪中后期，旅游业进入了高速发展的快车道，多种多样的体育运动项目越来越深入人们的生活。在欧美一些国家，体育旅游项目丰富多样，逐渐涌现出了高山滑雪、徒步登山、海边沐浴等体育活动，很多国家设置了相应的体育娱乐项目和设施，为旅游者提供各项旅游服务。

不仅是参与性的体育旅游产业发展较为迅速，观赏性体育旅游产业也获得了比较大的发展。人们越来越热衷于参与奥运会、世界杯足球赛等大型国际比赛。通过不断举办大型国际体育赛事，能够进一步开发体育旅游资源，给大赛主办国和举办城市带来可观的经济效益。同时奥运会等大型比赛也在一定程度上起到了推动体育旅游行业发展的作用。

1988年，汉城举办奥运会，吸引了数十万的海外观众到韩国旅游，为韩国带来了可观的经济利益。为了获取更多的经济效益，2002年韩国又与日本共同主办了世界杯足球赛。足球被称为世界第一运动，举办世界杯比赛能够带来大量的好处，增加本国的经济收入。而2004年的雅典奥运会、2008年的北京奥运会和2012年的伦敦奥运会更是翻开了新世纪体育旅游产业发展的新篇章，不仅直接的旅游收入超过了以往的任何一届奥运会，而且造成的影响也非常深远。

从整体的角度来分析，体育与旅游的结合已经有了比较长的发展历史。在许多经济发达的国家中，体育旅游资源得到了深层次的开发，人们充分利用体育旅游资源能够推动体育旅游产业的发展。体育旅游产业在欧美一些国家有着广阔的发展前景。

（二）国内体育旅游产业的发展现状

1.我国体育旅游产业的产生与发展

我国有着广阔的地域，这使我国具有了非常丰富的体育旅游资源，加上传统文化的影响，使我国体育旅游更具民族特色，十分有利于我国体育旅游产业的发展。在东北地区，具有优质的天然滑雪场以及国家级森林公园，在冬季是滑雪旅游的好去处。在东南沿海地区，很多的海滨城市都有游泳、潜水和日光浴的便利条件，能够开展这方面的体育旅游。在内陆地区，江河、湖泊和水库附近可以进行漂流和划船。另外，还有名山大川，可以开展登山和攀岩活动。

新中国成立后，由于处在建设阶段，人民的生活水平普遍较低，只能进行一些简单的体育健身活动，例如，跑步、打球、游泳、钓鱼、登山、骑自行车、溜冰等。改革开放的深入发展为旅游业的发展提供了新的契机，星级宾馆、饭店逐渐涌现了出来。再加上交通设施的逐步完善，为人们的外出旅游活动提供了便利条件。随着经济的发展，人们的生活水平日益提高，对健身活动有了更高的需求，传统的健身活动已经难以满足人们的需求，人们开始将目光投向体育旅游，使体育旅游逐渐成为深受大众欢迎的新型健身休闲方式。

2.我国各地市体育旅游产业的发展

近年来，国家越来越重视体育旅游产业的发展。2001年被国家旅游局定为"体育旅游年"，并在政策文件中明确规定了中国体育健身旅游的主要活动内容。政府相关部门不断推出体育旅游的产品，极大地推动了我国体育旅游的发展。

(1) 将体育旅游产业的开发作为新的经济增长点

当前，国内有很多地区将开发体育旅游产业作为当地旅游经济新的增长点，并对其发展进行科学的规划。其中，较为典型的当属四川、安徽和澳门。下面就对这几个地方体育旅游产业的开发与发展情况进行分析和阐述。

①四川体育旅游产业的开发与发展

四川省在《"十一五"旅游产业发展规划》中就提到要开发"体育健康旅游产品"和"自驾车旅游产品"。积极开发体育健康旅游产品，积极举办大型体育赛事，建立健身运动场馆，全面推动体育旅游产业的发展。四川省具有丰富的中医药和少数民族医药资源，可以充分发挥地方特色，开发中药康体旅游产品，进一步拓宽康体旅游市场。充分利用山岳资源积极发展户外专项旅游。充分分析本省公路网的发展状况，在此基础上合理开发自驾车旅游产品，规划自驾车旅游路线，体现四川省特色文化，比如，茶马古道、南方丝绸之路等。进一步完善旅游服务设施，建立健全旅游配套设施。

②安徽省体育旅游产业的开发与发展

为了更好地开发和利用体育旅游资源，安徽省委省政府制定并实行了《关于推进旅游产业大省建设的意见》，为体育旅游产业的发展提供了政策层面的保障，有助于促进全省经济的快速发展。为了实现建设体育旅游大省的目标，省体育局和省旅游局积极开展合作，倡导各级体育和旅游行政部门加强合作，充分发挥体育和旅游的优势，积极开发和合理利用体育旅游资源，不断丰富体育旅游产品的类型，创建安徽体育旅游的品牌。

③澳门体育旅游产业的发展

澳门回归后，为了能够进一步提升澳门的国际知名度，吸引外地旅客来澳门观赏及参与活动，增加澳门的旅游消费，特区政府提出了"体育旅游"的施政方针。从此，澳门的体育旅游市场在政府政策指导下得到了难得的发展机遇。近年来，澳门积极筹办体育旅游活动，树立了将澳门打造成体育旅游领域内的国际模范城市的目标。澳门发展体育旅游产业具有十分重要的意义，能够在一定程度上提升澳门的国际知名度，展现澳门独特的文化。近年来，澳门逐渐形成了体育旅游市场格局，也就是以体育赛事为主、休闲健身为辅，不仅能够将澳门打造成为"世界旅游休闲中心"，而且对于促进澳门经济从依靠单一的博彩业向多元的经济发展模式迈进产生积极的影响。

（2）有针对性地发展当地体育旅游产业

开发当地体育旅游产业的建议被许多有识之士提出。其中，较为具有代表性的有重庆、南阳，具体如下：

①重庆市体育旅游产业的开发与发展

重庆政协委员建议以体育为突破口发展旅游，在市政协会议上提交了《重庆体育旅游的发展现状、问题与对策建议》的提案，该提案建议相关部门可以深入调查评估重庆的体育资源，尤其是民族民俗性体育资源，并在此基础上编制重庆市体育旅游发展规划，做好体育旅游项目策划。与此同时，当地还需要加快体育设施建设，完善现代体育设施体系和体育旅游服务配套设施体系，为开发旅游资源和塑造体育旅游品牌奠定理论和物质基础。在此基础上，重庆市还可以因地制宜地开发各种旅游项目，如利用山地旅游区开发山地自行车、摩托车、汽车越野竞技性体育旅游项目，利用各地民俗资源开发竹竿舞、舞龙舞狮、划龙舟等具有观赏性、参与性的体育旅游项目，利用悬崖绝壁开发攀岩、岩降等挑战性旅游项目。针对缺乏专业人才的问题，重庆市应该加快培养体育旅游人才的步伐，强化体育旅游从业人员的岗位培训和职业教育，使从业人员不仅掌握一定的体育运动技能和相关知识，并且具备一定的组织协调能力，以满足重庆体育旅游未来的发展。

②南阳体育旅游的开发与发展

体育资源和旅游资源是体育休闲旅游产业的重要基础。为了吸引更多的旅游者参与体育赛事，引导人们感受体育活动和大自然情趣的互动，南阳市委市政府规划、设计和组合各种体育活动，不断创新互动体验的形式。

（3）各地的体育旅游发展迅速

这些年来，我国各地的体育旅游如雨后春笋般地发展起来。

①北京体育旅游产业的发展

2009年初，北京市提出了"回味奥运，圆梦首都"的主题，吸引了一大批旅游者，有效地促进了北京旅游业的发展。2009年7月，北京首次举行了奥林匹克公园旅游推介会。将各场馆的旅游资源充分利用起来，不断开发奥运文化资源，使奥林匹克公园进一步转型升级，逐渐发展成为国际现代化的时尚旅游中心。北京市民日常休闲也会选择去奥林匹克公园。除奥林匹克公园外，水立方、鸟巢成为新的旅游景点，吸引了海内外大批的游客，为北京市带来了丰厚的经济效益。

②无锡体育旅游产业的发展

2004年，无锡市旅游局与体育部门一起参加中国体育旅游展示大会。2005年初，无锡旅游、园林、文化、体育等部门探讨合作，达成以下合作意向：一是2005年围绕太湖做文章，打造"环太湖旅游圈"和"环太湖体育圈"，发展环太湖的自行车、自驾车、长跑、水上项目、极限运动等体育旅游健身活动。二是积极引进国际性比赛项目，将太湖建成中国的水上运动基地。三是通过环太湖的苏州、无锡、常州、芜湖四座城市在旅游、体育等方面的合作交流，扩大旅游、体育共振效应。同时，联手举办国际性、全国性体育、文化和园林艺术活动，提高城市知名度，带动无锡会展、商务旅游发展。四是将无锡太湖旅游节与上海旅游节相呼应，办成沪、苏、浙联动，融旅游、文化、体育、园林等一体的大型品牌节庆活动。

③黑龙江体育旅游产业的发展

作为我国冰雪体育运动的大省，黑龙江早已是冰雪爱好者的聚集地。黑龙江通过举办世界大冬会进一步激发了人们对冰雪体育的热爱，由此也使黑龙江成为新一轮冰雪体育旅游的胜地。黑龙江冰雪体育旅游项目已经树立了自己的品牌，像滑冰、冬泳、雪地足球等非常出名，中国人想到冰雪体育就会想到黑龙江。黑龙江的滑雪旅游更是对旅游者形成了很大的吸引力。

④青海体育旅游产业的发展

借助高原体育训练基地的良好地理条件，青海省积极发展环青海湖民族体育运动，逐渐形成了具有高原特色的全民健身活动，彰显了青海特色的民族文化，树立了青海旅游的品牌。青海湖流域具有十分优越的地理环境和人文环境，具有十分优美的自然景观和深厚的民族文化底蕴。充分利用环湖地区的资源优势，能够开展形式多样的体育旅游项目，比如，自助游、赛马、动力伞、漂流等。现阶段，青海省加大力度发挥青海湖流域优势，建设若干标志性的体育旅游基地，开发青少年体育营地、民俗民间体育、抢渡黄河极限挑战赛、水上运动等项目，以引导更多的群众进行体育旅游消费。

3. 我国体育旅游产业发展的基本现状

（1）国内、入境、出境等各种体育旅游雏形初显

旅游市场的本质具有较强的开放性。随着全球化的深入发展，国家之间的联系越来越密切，体育旅游也越来越国际化。我国体育旅游从发展之处就没有局限于国内市场，而是着眼于国际市场。从当前的形势来看，我国的体育旅游主要为国内游，国外游客相对要少一些，出境游客则更少。随着近年来出境游的不断升温，一些体育迷们已经形成了出国观赏精彩的赛事或者参加一些感兴趣体育活动的兴趣。由此可以看出，不管是国内，还是国外，体育旅游的雏形都已经初步形成。

（2）初步展现出在经济社会中的价值

在当前的社会中，体育旅游作为国民运动休闲和度假的主要形态，得到了较好的发展。体育旅游的开展并不是凭空就能实现的，需要具备一定的条件，不仅要建设相应的体育吸引物，增加对旅游者的吸引力，还要具备专业的服务人员和完善的服务配套设施。从这个层面来讲，大力发展体育旅游产业，在经济发展方面会产生积极的促进作用，对社会就业问题的解决也有着积极的影响。我国很多省市都开展了体育旅游产业，其所创造出的就业岗位和营业收入都非常理想，体育旅游产业的发展也能带动相关产业的发展，增加经济收入。体育旅游具有积极的推动作用，能够增加旅游产品，促进经济社会发展。

（3）多样化的体育旅游产品体系已初步形成

近年来，体育旅游产业发展速度越来越快，人们逐渐将体育观赏和体育参与结合起来，逐步形成了特色的体育旅游产品体系。体育旅游产品体系主要涉及两方面的内容，一方面包括体育观赏游，另一方面包括体育参与游。在全国各省广泛分布。当前，冰雪运动、水上运动、山地户外运动、高尔夫运动、民族民间体育文化等是相对成熟的参与性体育旅游产品和项目。

（4）体育旅游的专业会展创立并初具影响

体育博览会的举行，对体育旅游的发展产生积极的推进作用，比如，首届体育旅游博览会2007年在上海举办，之后，成都、哈尔滨、海口又接连举办了体育旅游博览会。2011年11月，海口举办了第5届中国体育旅游博览会。这些都在很大程度上对体育与旅游业的互动、融合，以及体育旅游产业的深入发展起到

积极的推动作用。可以说，体育旅游博览会将其整合、纽带、展示、促销功能充分发挥了出来，对体育旅游产业的发展起到重要的推动作用。

（5）专兼结合的营销渠道逐步形成

西藏国际体育旅游公司作为我国成立的第一家体育旅游部门的专业公司，于1984年成立。中国国际体育旅游公司在两年后成立。自此之后，一些省、市体育局也相继成立了相应的体育旅游公司（社）。

近年来，参与体育旅游的旅游者数量不断增加，在一些大型旅行社内，逐渐成立了专门的体育旅行社。除此之外，部分体育经济公司也在经营体育旅游业务。从当前的形势来看，在旅行社层面，专兼相结合体育旅游营销渠道已经初步形成。

（6）政府加快发展体育旅游的意识越来越强

国家越来越重视发展体育旅游产业。国家旅游局先后两次开展了以体育为主题的旅游年活动。国家体育总局将体育旅游列入了《体育产业"十二五"规划》，倡导大力发展体育旅游产业，逐渐建立了体育旅游示范区，不断开发体育旅游精品项目。为了更好地发展体育旅游产业，部分省、市制定了相应的发展规划。其中，安徽省出台的《体育旅游产品发展规划》、广东省出台的《广东省体育旅游示范基地认定办法》就是比较典型的例子。

（7）体育旅游的专业人才培养已经起步

对于体育旅游来说，最重要的资源是人力资源。体育旅游产业发展的速度和质量在一定程度上受到人才的数量和质量的直接影响。我国第一个体育旅游专业于2001年在成都体育学院率先开设，达到了较好地适应日益活跃的体育旅游实践的目的。

二、我国体育旅游产业现存的问题

在我国体育旅游产业的发展过程中，取得了一定的发展成效，但同时，仍然存在着一定的问题亟需解决，具体来说，较为重要的有以下几个方面的问题：

（一）对体育旅游的规划引导较为欠缺

制定相应的体育旅游规划是非常重要的，能够合理指导体育旅游的发展，保障体育旅游产业的有序运行。但是，现阶段的情况是，在国内，只有安徽省制定了《体育旅游产品发展规划》，其他省市均没有制定专项规划。由此看来，在体育旅游发展过程中，尚缺乏统一的规划和指导，不利于体育旅游项目的开发，从而制约着体育旅游的进一步发展，具体来说，较为显著的问题主要包括布局不合理、定位不准、缺乏特色、设计粗糙、与整个景观的融合度低和不协调等，这不仅会对资源产生一定的浪费，还会对资源的深度开发和可持续利用产生相应的影响。

（二）政府引导和多部门协管机制较为缺乏

体育旅游产业与其他产业有着一定的差别，与体育、旅游两个部门都有非常密切的关系。同时，其还涉及其他相关的部门，比如，国土、工商、环保、安保、保险、金融、财政、航空、海事、森林、水利等，因此可以说，体育旅游产业是一个综合程度非常高的产业。

政府在体育旅游产业发展中有着非常重要的地位和作用，政府各部门间要建立一个多方参与的协调管理机制，从而对体育旅游产业的健康有序发展起到积极的促进作用。但是现实情况是，协管机制尚不完善，需要相关部门加以健全。在各部门之间，资源没有得到有效开发，即使开发了，资源利用的效率也较低，挫伤了体育旅游企业的积极性，同时，也会对体育旅游产业的快速发展产生不利的影响。因此，必须通过在政府相关部门之间建立必要协管机制，才能够有效化解上述问题，也才能够对体育旅游产业的进一步发展创造良好的条件。

（三）体育旅游产品体系有待于进一步健全

现阶段，我国体育旅游产品体系仍然存在着一些问题，主要从以下五个方面得到体现：第一，体育观赏性产品没有得到深入的开发，没有表现出显著的差异化和特色化；第二，参与性产品水平不高，重复现象比较严重，项目和产品运营周期比较长，更新换代不及时；第三，体育演艺类产品蕴含的文化因素比较少，欠缺艺术价值，"精品"和"特品"的数量比较少；第四，没有明确的市场定位，企业运营效益不高；第五，地区分布不平衡，运营受季节因素影响比较大。

（四）体育旅游相关制度建设力度不够

我国体育旅游产业发展程度还相对较低，体育旅游的相关制度还不健全，相关建设力度不够，这也使得体育旅游产业得不到突出发展的一个重要因素。具体来说，体育旅游相关制度建设力度不够，主要从两个方面得到体现：一方面是体育旅游企业的从业审批制度不健全；另一方面是监管、评价制度不健全。当前，户外运动、滑雪运动中已经出现了由于风险预警与救护标准、场馆设施安全标准、专业技术服务人员技术标准缺失而导致的投资者"无章可循"以及危及消费者的人身安全的问题。因此，进一步加强体育旅游相关制度的建设力度是非常有必要的。

（五）体育旅游的营销、宣传渠道有待于拓展

首先在营销方面，我国目前体育旅游的营销手段主要是传统的通过旅行社招徕，而先进的、新兴的营销方式和手段非常欠缺，比如，我们可以将网络营销、体验营销、合作营销等方式作为主要的营销方式。

在宣传方面也存在着较多的问题，比如，往往只在企业层面进行宣传，而政府层面的公益性、教育性、主题性的宣传教育则较为缺乏。同时，还存在着宣传形式单一的问题。

当前旅游业的竞争，已经不单单表现在景区、线路方面，区域、城市竞争已经成为竞争的主流，在这样的背景下，体育旅游要想得到进一步的发展，就必须在营销渠道上有所转变，具体来说，就是要从单一向多元化转变。在宣传上，必须坚持有机结合的原则，具体表现在两个方面：一个是政府公益宣传和企业市场宣传相结合，另一个是景区景点宣传和旅游目的地整体形象宣传相结合。

（六）体育旅游基础设施严重不足

现阶段，体育旅游项目普遍存在于国内各景区中，但是在发展过程中仍然存在着一些问题，比如，景区周边交通设施尚不完善，到达景区比较困难，导致客流量非常小。另外，景区的基础设施建设也较为薄弱，主要表现在两个方面：一方面，停车场、标示标牌、旅游厕所等配套设施仍不能满足游客需求；另一方面，步道、自行车道、野外宿营地建设的水准比较低。

（七）体育旅游人才基础非常薄弱

体育旅游产业的形成是体育产业和旅游产业相互交叉、相互渗透的结果。体

育旅游产业要想快速发展必须具备一定的人才基础，具体来说，其所需要的人才主要有三大类：一是专业的管理人才，需要满足两个条件，既要擅长旅游经营管理，还要掌握体育专业理论和技术方面的知识；二是专业的技术指导人才，比如漂流的救生员、滑雪的导滑员等；三是体育旅游产品的创新、研发人员。然而现实情况是，这三种人才都是较为缺乏的，这也是当前对我国体育旅游产业发展产生重要制约和阻碍的重要因素。

三、我国体育旅游产业发展的对策

（一）制定体育旅游发展专项规划并发挥其应有作用

不同的省市，具备不同的地域条件、不同的资源优势，发展的基础各有差异，市场需求也有很大的差别。这就需要具体问题具体分析，打造特色体育旅游示范带，积极开发体育旅游示范项目，从而将全国体育旅游专项发展规划科学合理地制定出来。同时，还要做好积极的鼓励工作，具体在两个方面得到体现：一方面，是各地要将体育旅游发展专项规划编制出来；另一方面，重视体育旅游基础设施建设，大力发展体育旅游项目，将体育旅游纳入当地国民经济和社会发展规划。

（二）从认识和政策上促进体育旅游的发展

体育旅游经过多年的发展，已经成为旅游产业的重要组成部分。作为一个新兴的产业，体育旅游具有非常好的活力和潜力。但是，也有很多因素制约着其进一步的发展，比如资金不足、人才短缺、缺乏有力的政策支持等。调整当前产业结构，促进旅游消费转型升级，能够有效推动体育旅游产业的快速发展。国家体育总局和国家旅游局要给予相关指导，制定体育旅游相关政策，充分发挥政府导向作用，进一步促进体育旅游产业的可持续发展。

（三）通过合作机制的建立来推动体育旅游发展

国家体育总局和国家旅游局相互联合，共同成立了体育旅游工作协调领导小组，为体育旅游的发展提供了保障。该小组有着明确的职责，具体来说，主要包括以下几个方面：第一，共同负责体育旅游合作的总体组织和指导；第二，共同确定合作政策措施；第三，共同加强对体育旅游的人才培养和对体育旅游的宣传推广。协调领导小组通过定期召开协商会议，能够加强信息沟通，及时发现和解决合作过程中的问题，进一步鼓励和指导各省市体育旅游行政部门开展工作，逐步建立相应的合作机构。协调领导小组还要充分发挥引导和督促的作用，对所辖地、市、州体育与旅游部门给予相应的指导，加强沟通，促进各部门协调开展工作，为体育和旅游的深化合作发挥应有的力量。

（四）建立体育旅游企业运行管理的规章制度

建立体育旅游企业运行管理规章制度有十分重要的意义，能够监督体育旅游产业的发展。从这个层面上来讲，需要建立体育旅游项目开发的场地设施和设备的安全标准、从业人员的技术标准、环保标准、行业评价的等级标准等。这些标准能够对体育旅游产业的发展发挥一定的引导作用，使体育旅游企业的行为越来越规范，促进体育旅游产业的健康发展。另外，对于体育部门和旅游部门来说，加强指导和监督体育旅游市场也是非常重要的。

（五）创新体育旅游的营销和宣传形式

营销和宣传的形式会影响到体育旅游的发展状况。因此，需要制定一体化旅游营销战略，逐步建立体育旅游宣传促销体系，加大对政府整体形象的宣传力度，进一步加强景区产品的促销统分工作。除此之外，充分分析体育旅游的实际情况，在此基础上合理利用广播、电视、互联网、报刊等媒体和推介会、展销会等平台，精准把控客源市场，并有针对性地开展相应的营销活动。不仅如此，各级体育部门还要做更多的工作，加大力度宣传体育旅游的公益性，使人们能够了解体育旅游教育主题的性质。不断丰富体育旅游的宣传形式，比如可以采用免费体验、社区宣传、书籍赠送等形式，扩大宣传的覆盖范围，使更多的人能够了解体育旅游，进一步扩大体育旅游的群众基础，开发体育旅游的潜在市场，有效保证体育旅游的可持续发展。

（六）通过多种方式丰富体育旅游产品体系

当前，全民健身活动开展得如火如荼，再加上旅游展业转型升级，在这样的背景下，大力发展运动休闲、运动体验、户外运动、体育节庆和民族民间民俗体育等旅游产品是非常有必要的，在很大程度上促进了体育旅游的发展，使体育旅游的规范性越来越高，有助于体育旅游的有序发展，也有助于有序建设体育旅游度假区。

除此之外，还需要不断开发体育中的艺术资源和文化资源，不断提升体育演艺节目和主题演出的质量，打造体育旅游精品节目，增强体育旅游的影响力。进一步拓展体育旅游产业链，带动体育旅游相关产业发展，推动体育旅游纪念品的研发、户外运动装备制造业的发展等。在比较著名的体育旅游目的地，建设特色体育旅游商品研发中心是很有必要的，在研发中心的基础上也可以建设生产基地和购物场所，扩大特色体育旅游商品生产和销售，增加经济效益。

（七）积极培养体育旅游人才

在体育旅游的发展过程中，专业人才发挥着十分重要的作用。从某种意义上来说，专业人才在一定程度上决定着体育旅游的发展。因此必须重视和积极培养体育旅游专业人才。国家体育总局和国家旅游局鼓励和支持一系列有助于体育旅游人才培养的举措，最主要的有两个方面：一方面，全国的体育院校和旅游院校，将体育旅游专业纳入学校专业设置中，实施体育旅游学历教育；另一方面，体育旅游企业加强与体育院校和旅游院校的合作，促进双方优势互补，创新双方的合作方式，可以进行合作办学，也可以进行联合培训等。另外，在体育院校与旅游院校中，针对其相关专业可以开展交叉办学。建立体育旅游人才专家库，加强对体育旅游人才的培训，提升体育旅游企业人员的专业技能。

第五章 体育旅游产业的构建研究

本章讲述的是体育旅游产业的构建研究，主要从以下四方面进行论述，分别为体育旅游资源的开发与利用、体育旅游市场的营销与管理、体育旅游产业的集群化发展和体育旅游产业的竞争力分析。

第一节 体育旅游资源的开发与利用

一、体育旅游资源的开发

（一）我国体育旅游基础资源分布

我国许多体育旅游资源的开发都与自然、人文环境和资源有着十分密切的关系，尤其是冰雪体育旅游、滨海体育旅游、户外休闲体育旅游等都是在自然环境中进行的，需要丰富的自然资源的支持。而体育旅游人文资源同时具有人文旅游的特点和体育运动内容，具有极高的旅游价值。新时期，体育旅游人文资源满足了人们日益提高的对文化赏析的新需求，深挖体育旅游的文化内涵和人文精神，有利于提高旅游业的文化素养和整体水平。

因此，了解我国丰富的自然资源和人文资源对促进体育旅游资源的开发与利用具有重要意义。

1. 自然资源分布

（1）山体资源

丰富的山体资源具有很大的体育旅游开发空间，提供了体育旅游项目开发的天然物质基础。

（2）水体资源

我国水体资源丰富，包括了江、河、湖、海、溪流、瀑布等多种形式，构成了丰富的景色、气候、环境，具有良好的观赏、探险、疗养与旅游价值。我国18000多千米的大陆海岸线更是为诸多的海滨体育旅游提供了理想的场所。

（3）溶洞资源

我国地域辽阔、地貌丰富，洞穴数以千计，为体育旅游中的洞穴探险奠定了良好的自然资源基础，目前已经开发、开放的洞穴约有数百处，具有较大的旅游价值。

（4）沙漠资源

我国沙漠分布较广，是户外探险和步行的重要场所。目前以旅游资源开发的沙漠有甘肃的阳关沙漠，新疆塔里木盆地的塔克拉玛干沙漠，内蒙古的科尔沁沙地、库布齐沙漠、巴丹吉林沙漠、包头响沙漠，陕西的榆林沙漠（中国古长城沿线）等。

2.人文资源分布

我国具有悠久的历史，民族文化丰富多彩，我国许多传统体育项目都是在特殊的历史环境和民族风俗习惯中产生的，我国体育资源与我国多元文化之间有着十分密切的关系，如少林武功与佛教、少林寺；太极拳与道教、道观；还有一些体育项目创始人及体育大家的故居、陵墓等，都是丰富的人文资源。

一般来讲，通常将人文资源分为四类，分别为古陵墓类、宗教类、石窟寺类和园林建筑类。

（二）我国体育旅游资源开发现状

1.体育旅游资源开发地区差异明显

我国体育旅游资源丰富，各地区分布量都很大，存在明显的地域开发程度的差异。

具体来说，我国经济发达地区的体育旅游资源开发比较彻底，知名度较高，且能够创造出良好的经济价值。相对来说，我国经济欠发达地区的体育旅游资源开发程度不高，且在开发过程中由于缺乏正确的认知和合理的规划，资源浪费的情况比较严重，对当地的自然环境造成了很大的伤害。

目前，除了徒步和登山项目之外，很多的体育旅游资源都没有得到开发。以我国民族传统体育资源为例，我国经济发达的东部地区在民族传统体育数量上面与西南、西北地区相比要少很多，但是知名度比较高，开发比较彻底。我国西南、西北地区民族众多，民族传统体育项目众多且具有丰富多彩的民族风情，具有体育旅游资源开发的良好优势，但是，就目前开发现状来看，由于缺乏必要的资金支持，且当地政府的关注度不够、规划不合理，导致这里的丰富体育旅游资源很多都鲜为人知。

随着近年来对民族传统体育的保护、传承力度的不断加大和国家对发展体育产业的重视，我国经济落后地区的体育资源开发正在逐步得到重视，发展日趋合理。

2. 不同体育运动项目开发程度不同

有许多体育赛事，特别是中国丰富的传统体育赛事和大众不同的体育偏好。不同的体育运动具有不同的发展价值，体育赛事发展的不同阶段开发的程度也不同。

当前，我国体育旅游开发程度较高的体育运动项目主要集中在以下四类：

（1）冰雪体育运动与旅游

冰雪运动历来是十分受欢迎的户外体育运动项目，其以特殊的地理环境为依托，能给人以享受运动、享受自然的美好体验。

我国冰雪体育运动和旅游的开展并不广泛，但是近年来受到了大众的广泛关注。尤其是北京——张家口2022年第24届冬季奥运会的申办和承办准备，为近两年我国冰雪体育运动和旅游的发展奠定了良好的社会、舆论和物质条件。大型体育运动赛事给举办国和地区带来显著的经济效益，特别是受人瞩目的国际综合性的运动会的举办，如2022年冬奥会的举办为北京、张家口带来了良好的发展机遇，促进了北京、张家口及其周边地区包括体育旅游在内的体育产业经济的迅猛发展。

（2）滨海体育运动与旅游

沿海地区利用自然资源和社会环境开展了沿海主要娱乐和旅游活动，为我国沿海体育旅游的实施提供了条件，有力地促进了中国沿海体育旅游的发展。

近年来，随着我国经济的高速发展，许多富裕人群和具有海外水上运动经验的年轻一代在沿海地区对体育和休闲的需求不断增加。中国沿海运动休闲产业发展前景良好。宁静的海洋运动，如沿海大中城市的游艇、帆船观光、帆板运动、冲浪和滑水运动，受到专业人士的欢迎，吸引了大批富人参加阶级消费。沿海运动和旅游主要集中在社会高收入阶层。

（3）户外探险运动与旅游

户外探险运动与旅游在我国兴起的时间并不长，还属于小众体育运动。当前，我国从事户外探险运动与旅游的人群主要为年轻人群，这些人富有冒险精神、追求自由，但是与我国庞大的人口基数相比，这一部分人是非常少的。因为此类项目与旅游活动不仅对参与者的体能要求较高，还要求参与者必须具备良好的经济条件和充裕的时间。

（4）高尔夫休闲度假旅游

高尔夫运动是一项重要的休闲体育运动项目，具有良好的健身与健心价值。高尔夫场地广，运动环境优美，目前，往往与商务休闲旅游结合在一起，高尔夫运动已经逐渐开始摘掉贵族运动的帽子。我国高尔夫运动的参与人数越来越多。高尔夫休闲度假旅游是我国体育旅游市场中一个发展较好的体育运动项目。

总体而言，我国体育旅游资源开发的绝大部分体育项目都是以体育旅游项目为主，发展较快，但部分科技含量较高的项目发展水平较低。如，滑雪、钓鱼、蹦极、登山、骑自行车、自驾、打高尔夫等，这些都更贴近人们的生活，难度较低，所以在我国的发展程度较高，普及率也较高。而漂流冒险、越野、登山等冒险运动旅游的发展程度较低，进行得不甚理想。

3. 民族传统体育旅游开发程度较低

我国是一个多民族融合的国家，少数民族人口占据了我国总人口的10%左右，在长期的发展过程中，这些少数民族创造了优秀的民族文化和独特的民族体育资源。

在体育全球化发展背景下，西方体育在当前体育界占据主流地位，就体育人口来讲，参与西方竞技体育运动项目的人要比参与民族传统体育项目的人要多得多。

虽然我国体育旅游资源具有较强的民族文化特色，但没有突出特点、宣传力度不够、设施建设等资源开发不利于旅游资源的不完善，严重影响了民族传统体育旅游资源深入发展。在中国发展民族传统体育旅游资源的过程中，很多人为了经济效益而摧毁和丢失了这些文化资源，有的文化资源由于保护不足而未能充分挖掘和开发，这都对民族传统体育资源造成严重破坏。

近年来，良好的政策环境、经济环境、文化环境极大地促进了民族传统体育的发展。社会大众参与民族传统体育的热情不断高涨,在少数民族聚集地区,许多具有地域特征的民族传统体育项目也成为人们强身健体的重要活动内容,如,哈萨克族的"姑娘追""叼羊";蒙古族的摔跤、骑马、射箭;藏族的碧秀(响箭);朝鲜族的跳板、秋千;苗族的踢草球、爬花杆;壮族的抛绣球、踩高跷等。这些丰富的民族体育项目与当地独具地域和民族特色的文化结合在一起,吸引了大批旅游者前往,民族传统体育旅游开发近年来呈现出良好的发展势头,还需要进一步规范和完善,以促进其科学、可持续发展。

4. 体育旅游专业人才和服务人员匮乏

当前,我国体育旅游资源发展过程中,人才培养不完善是一个不争的事实,也是制约我国体育旅游可持续发展的一个重要因素。和国外体育发达国家相比,我国体育旅游起步较晚,在人才培养方面并不完善。从体育旅游内容和形式来看,体育旅游活动的开展不仅需要有经验的专业技术人员,还需要保证游客人身安全的专业人员,如登山、攀岩、滑翔伞、滑雪、游泳等都需要有专业人员时刻保护游客的安全。目前,我国高等教育院校虽然有部分相关学科进行了旅游类人才的培养,将体育旅游分为体育和旅游两个学科,两学科即不交叉也不相通,无法培养综合性的人才。现阶段,我国从事体育旅游的人员大部分出自旅游专业,不具备扎实的体育专业知识,阻碍了我国体育旅游资源的综合利用和体育旅游产业的全面发展。

从我国基本国情来看,体育旅游资源开发与利用涉及自然环境保护和民族传统文化传承,因此,体育旅游资源的开发并不是一个单纯的旅游基础设施建设的过程,还要考虑与之相关的多方面要素。而我国这方面的人才培养相对不足、数量不多、质量不高,这也是导致我国体育旅游资源开发和利用不足的一个重要因素。

(三)体育旅游资源的开发原则

1. 系统性原则

体育旅游资源的开发是一项全面系统的工作。由于涉及许多方面和问题,必须进行科学的整体规划。

总体来说,体育旅游资源的系统规划涉及资源的数量、质量、特点和位置四个方面。在此基础上,体育旅游资源的分析和预测,也应考虑投资规模和强度,以维护体育旅游资源的长远发展为利益。系统开发可以有效避免局部错误导致的全局失败。

2. 突出性原则

体育旅游资源的开发应充分考虑对旅游消费者市场的吸引力，这就要求在体育旅游资源开发过程中突出特色。

当前，我国的体育旅游市场已经进入消费者市场，体育旅游资源开发必须满足旅游消费者多元化、个性化的需求，如此才能吸引消费者，具有市场竞争力。在体育旅游资源开发过程中应充分保留资源的原始风貌，突出体育与自然、人文的完美结合，充分反映区域特色、民族文化特色，体现"人无我有，人有我优"，打造旅游精品。

3. 效益性原则

体育旅游资源开发要重视多元效益的实现，具体来说就是要实现社会效益、经济效益和环境效益三者的统一。

实现经济效益是旅游业经营活动的一部分，体育旅游资源开发应促进当地经济和国民经济的发展。

实现社会效益是通过发展体育旅游调动广大市民开展体育活动的积极性、提升公众意识、丰富公共体育文化，为我国体育事业的发展创造良好的社会文化氛围。

实现环境效益需要体育旅游发展兼顾环境保护，实现体育旅游和自然环境的和谐发展。

4. 保护性原则

体育旅游资源的开发过程中，应将资源保护、环境保护放在一个十分重要的地位。

对于体育旅游资源的开发，应将重点放在提高资源的利用率上，而非对资源的改造上，即改变旅游资源的可进入性，将开发重点工作放在附属设施（包括道路、通信设施、住宿设施等）建设上，不破坏旅游资源本身。

对于一些特殊的体育旅游资源来说，开发本身就意味着"破坏"。对于这样的特殊资源，有必要全面检查是否有发展的需要，应该以科学发展观为基础，保护优先，有限开发或者不开发。

二、我国体育旅游资源的开发与利用实例

（一）海南游艇旅游产业的开发与利用研究

1. 海南发展游艇旅游产业的优势

海南省将游艇旅游产业纳入发展规划，并不是一时的头脑冲动，而是经过周密的市场调研，深思熟虑后得出的结果。从宏观国际旅游大背景来看，游艇经济作为一种新兴的产业经济形式，已然成为推进体育产业国民经济增长的重要动力，成为经济界学者关注的热点问题，纵观国内经济和政治环境，目前已经基本形成了较为完整的游艇旅游产业链条，结合海南省自身的各种条件来看，为了进一步扩大改革开放，党中央部署建设了具有中国特色的海南自由贸易港，随着人民消费水平的不断提升，游艇旅游作为一种小众休闲方式，受到了越来越多消费者的关注和喜爱，海南省发展游艇旅游的条件都已经具备。

（1）国际旅游格局的改变为海南省发展游艇旅游提供了动力引擎

回溯旅游业的发展历程可以发现，产生于19世纪的现代旅游业，在20世纪得到了前所未有的发展，特别是第二次世界大战之后，和平与发展成为世界各国人民的共同心愿，在相对和平与稳定的环境中旅游业得到了高速的发展。根据有关资料显示，20世纪40至50年代的第一产业为石油产业，而到了20世纪60年代以后，旅游产业已经取代了石油产业的位置，跃升为世界第一大产业，全球旅游业的经济增长速度也超过了全球经济的增长速度。特别是进入21世纪以后，旅游产业在全球经济的比重日益提升，提供了近3亿个工作岗位。国际旅游区域的重心正在由传统的欧美地区逐渐向亚太地区转移。根据有关报告显示，20世纪末期，欧洲和北美这两个地区作为现代国际旅游的发源地，吸引着众多的游客，世界各国人民去欧洲和北美旅游的人数占据了国际旅游总人数的70%以上。随着发展中国家经济的持续发展，全球经济重心从欧美地区逐渐转移到了亚太地区，世界旅游格局也悄然发生着改变，我国已经成为世界上最大的客源国之一。为了从国际旅游业中获取更多的收益，推动海南经济的高速发展，海南人提出了建设"国际旅游岛"以及发展包括游艇旅游等在内的高端体育旅游产业的宏伟目标。

（2）海南自身具有的优势为游艇旅游的发展提供了基础保障

海南省发展游艇旅游产业具有国内其他地区无可比拟的优势，这种优势集中体现在如下方面：

①优越的自然条件为海南发展游艇旅游产业提供了依托基础

特殊的地理位置使得海南省发展游艇旅游具有其他地区无法比拟的优势。海南省位于我国的最南端，属于热带季风气候，基本特征为：四季不分明，气温年较差小，有着"天然大温室"的美称。海南岛四周低平、中间高耸，岛上遍布茂密的热带雨林，优质的阳光、清新的空气使得海南成为旅游观光的圣地。事实上，海南最大且最独特的自然资源是海，这才是海南发展游艇旅游的根基。海南省的海岸线全长1800多千米，环岛四周有70多个优质海湾，600多个热带海岛，这些得天独厚的海洋体育旅游资源为水上运动和游艇旅游活动提供了良好的基础。

②比较完善的基础设施为海南发展游艇旅游产业提供了极大便利

近年来，随着海南自由贸易港建设不断推进，海南不断完善游艇产业政策制度体系，科学合理布局海南游艇产业链和配套基础设施，结合经济社会发展需要，进行整个港区布局，整合城市综合交通资源，对国道、省道穿过城市的路段进行市政化改造，完善行人过街设施，提高道路路网密度，完善公共交通基础设施服务网络，加快光纤宽带网络建设，积极推进通信基础设施共建共享，深入开展"绿化宝岛"行动，建立起多层次、多点面的公园绿化体系，科学合理建设医院、学校等公共服务设施，切实提高公共服务水平，建立完善城市管理数字化平台，特别设立了游轮游艇产业处及三亚游艇旅游服务中心，加强救助协调，完善海上应急救助体系。经过多年的工程建设，海南岛的现代立体交通体系更加完善，城市综合承载能力不断增强，为海南带来了更多的客源市场。

③相关政策的出台为海南发展游艇旅游产业提供了保障

中国游艇经济经过十几年的发展取得了丰硕成果，特别是近年来国家相继出台鼓励游艇行业发展的相关政策，促进了海洋休闲经济的飞速发展。2009年1月，交通部颁布《游艇安全管理规定》，该规定的出台有力地规范了我国游艇旅游的管理活动。2013年国务院颁布实施的《国民旅游休闲纲要(2013—2020年)》明确提出支持游轮游艇旅游产业发展，随着该文件的落实，游轮游艇市场迎来了爆发式增长。2016年12月，国务院发布《国务院关于印发"十三五"旅游业发展规划的通知》明确指出培育发展游艇旅游大众消费市场，制定游艇旅游发展指导意见，大力发展旅游装备制造业，发展适合大众消费的中小型游艇，上述政策的颁布为海南省游艇旅游的发展提供了政策支持。

2. 海南发展游艇旅游产业的路径

为了保证各项计划的顺利实施，海南省委省政府在广泛调查研究的基础上，还采取了一系列有效措施。

（1）注重软件建设，倾力打造旅游产业知名品牌

虽然我国游艇旅游产业取得了卓越成绩，但是由于我国游艇旅游发展历程较短，相关经验不足，导致我国的游艇旅游产业与发达国家相比还有着不小的差距，存在着游艇制造业基础薄弱、高端游艇旅游人才培养缺乏、游艇工业竞争力落后、游艇经济效应单一等问题。为了向游艇旅游者提供更加优质的服务，海南省有关部分积极借鉴国外发展游艇旅游的先进经验，加强对游艇产业发展的宏观引导，使社会各界树立正确的游艇消费观念，以城市的整体规划为基础，优化全省产业规划布局，整合全省港口资源，完善游轮港口和游艇码头布局；创新管理方式，制定出台更加开放的国际船舶登记管理制度，对接国际服务标准，建立具有海南特色的游艇旅游服务标准体系，提升游艇旅游管理服务水平，制定实施细则和服务标准，进一步简化、优化游艇旅游监管流程；完善产业链，加快产业集群发展，培育游艇设计业，提升游艇设计研发能力，提升游艇制造业，发展游艇俱乐部和游艇文化产业，以游艇消费带动旅游发展，发展以游艇销售、展示、体验为主要内容的会展业；加强对外合作，关注国外游艇设计、配套企业发展动态，积极培育游艇旅游市场，借助信息化手段改善营商环境，设立信息系统，打造智慧监管平台，加大对游艇码头的政策和资金扶持力度，规划建设游艇公共综合补给站；加强部门协同，增强安全监管合力，加强俱乐部安全监管，推动游艇集中停泊规范管理；建立游艇备案管理制度，介入游艇旅游产品的价格指导，引导教育潜在消费群体，落实小微金融政策，扶持具有潜力的游艇经济产业链下游企业，加快游艇人才的培养与引进，完善人才培养机制，通过政策规划引领游艇产业做大做强。经过多年的努力，海南省的各项管理与服务水平得到了显著的提升，海南省的一些游艇旅游企业已经达到了国际水平。通过游艇旅游产业的带动，形成了以知名品牌为龙头的高端体育旅游产业聚集区。

（2）积极举办游艇旅游会展，努力扩大国际影响

游艇旅游产业的发展离不开国内外游艇旅游爱好者的热情支持与积极参与。海南省相关部门鼎力合作，深入推进制度创新，大力推动游艇全产业链发展，进行全方位的游艇旅游营销活动，发挥市场主体作用，加大游轮游艇旅游宣传力度，通过开展海南国际游艇设计大赛、三亚新能源游艇大赛等产业赛事活动，全力打造游艇产业改革发展创新试验区，大力拓展游艇旅游客源市场；建设游艇主题博物馆，形成"网红效应"，结合境外游艇旅游消费实际需求，开发满足不同消费需求的特色游艇旅游产品，进一步提升海南游艇旅游消费产品的吸引力；支持"海天盛筵"等海南品牌做大做强，发挥品牌影响力，辐射和带动海南游艇产业的多元高质发展。举办环海南岛国际帆船赛等具有较高知名度和影响力的国际游艇帆船比赛，扩大海南游艇产业在国际、国内的影响力。

（3）争取国家政策支持，提升服务水平

国务院及各部委给海南的多项支持政策，极大地促进了海南游艇产业的发展，海南省要利用和把握自贸港的优惠政策和发展机遇，建立与自由贸易港相适应的国际船舶登记制度，落实取消港澳籍游艇入境担保要求，优化与国际配送业务相适应的海关监管制度；研究制定游艇旅游产业扶持措施，培育游艇上下游企业发展，设立海南国际游艇交易中心；密切关注国家游艇产业相关政策的制定，积极参与国内游艇建造、检验相关标准的制定，着力提升游艇服务基础设施能级。海南省得到了国家政策的大力支持，享受到了非常优惠的入境政策。到目前为止，海南省免签证优惠待遇覆盖到21个国家，不仅如此，与我国有外交关系或官方贸易往来的国家的高端体育旅游者可在海口和三亚口岸办理"落地签证"。各口岸部门加强协作，完善口岸联合登临检查机制，推动一次性联合检查政策的落实，提高游轮游艇查验效率。为了推动游艇旅游高端消费的进一步发展，发布了包括飞艇、游艇、帆船等共100项商品的《海南自由贸易港"零关税"交通工具及游艇清单》，对游艇进口而言，如果旅游者订购了一艘价格为1000万元国外的游艇，在国内其他地区购买要负担约38%的关税及进口环节税，即大约为380万元，如果旅游者在海南购买则可以节省下这笔税费。不仅如此，海南省还积极争取国家边检机关的支持，扩大游艇证件的适用范围，使游艇旅游消费者的登陆活动更加方便。

（4）重视游艇旅游上游产业发展，努力打造游艇生产基地

海南省在大力发展游艇旅游产业的同时还提出了发展游艇经济的宏伟目标，进而形成以游艇旅游为核心的产业链，这样建设涵盖游艇的研发、生产和销售为一体的游艇生产基地就成为其目标和任务之一。海南人认为，在海口湾投资建设游艇生产基地，不仅可以带动海南游艇码头、商务酒店、旅游等相关行业的发展，进一步激活海南及珠三角地区的游艇经济，提升海南海洋产业的核心竞争力，而且还可以推动中国游艇工业在更高的层次和水平上参与国际竞争，推动海南旅游经济的持续健康发展。投资巨大的海南游艇生产基地，构建完整的游艇产业链服务体系，势必将成为海南新的经济增长点，为海南市场的投资方向开辟了新的路径，对于培育经济发展新动能、拓展经济发展新空间具有十分重要的意义。

（二）云南少数民族传统体育旅游开发与利用研究

1. 云南少数民族传统体育旅游开发的可行性

（1）人们生活方式及观念的改变使之成为一种新的健身活动方式

伴随着世界经济文化的蓬勃发展和借助我国旅游政策的东风，旅游产业得到了快速发展并逐渐成为支柱产业。当前旅游者旅游经历日益丰富，旅游消费观念日益成熟，人们旅游的目的已经由走马观花式的观光逐渐游览向重视缓解精神疲劳的个性化、休闲化的方向转变，大众化的旅游产品逐渐为多元化的旅游项目所代替。越来越多的旅游者希望通过旅游开拓视野、增长见识甚至渴望去探险，而不是从旁观赏，这对旅行生活提出了更高的要求，期盼旅行项目中蕴含深厚的文化内涵乃至冒险刺激。因此，那些千篇一律的观赏类旅游方式已经让游客失去了兴趣，相反那些具有娱乐、刺激、时尚、参与性强、特色鲜明等魅力的活动类型越来越受到人们的欢迎。在旅游的过程中，旅游者不满足于以一个过客的身份参观异域的风土人情，而是想要参与其中，能够亲身体验当地人民的生活，希望能与当地人进行近距离的接触和交流，从而实现心灵的碰撞。相比于那些单调、机械的旅游项目，当代旅游者更倾向于轻松活泼、游乐结合的旅游方式。云南的西双版纳每逢傣族的"泼水节"、黎族的"火把节"游客数量大幅度增加，正是人民群众多样化旅游需求的直接体现。

（2）云南有得天独厚的少数民族传统体育旅游资源

云南得天独厚的少数民族体育旅游资源主要得益于当地特殊的地理环境和多元的民族文化。从地理环境来看，云南位于青藏高原的东南部，高山与峡谷相间分布，境内的高原呈波状起伏状态，断陷盆地错落分布，江河纵横，著名的自然景观有洱海、怒江、梅里雪山、虎跳峡、抚仙湖、北海湿地等。从地域文化来看，云南是一个多民族文化交融的区域，各族人民在长期的生产生活实践中创造了丰富多彩的体育活动，这些民间民俗体育活动是云南地区民族文化记忆的重要载体，具有多方面的价值，如增强体质的健身价值、愉悦身心的娱乐价值以及令人耳目一新的观赏价值等。这些都为少数民族传统体育旅游业的产业化发展提供了有力的保障。云南可以依托优越的自然地理条件，并结合体育消费者对参与和体验现代体育运动的消费需求，开发出形式多样的户外体育旅游项目。

市场经济体制下，任何一个产业想要生存和发展下去，所生产的产品或提供的服务必须要满足消费者的需求，得到消费者的认可，换句话说就是必须要销售出去，如果一个企业生产的产品或提供的服务无法销售出去，那么无论这个产品或服务的质量多优质，也无法为企业带来经济效率，必将面临被淘汰的命运。对于旅游业来说，它的市场就是客源，游客就是旅游业的生命线，没有游客，再优美的风景也不会有人欣赏，更不会发展为旅游业。有关专家表示，我国旅游业由传统观光型向休闲度假型转换，单一的观光式旅游已然不适应人民群众日益增长的旅游需求，亲身参与社群活动、休闲体验成为人们旅游的重要动机。具有浓郁风情和地方特色的少数民族传统体育旅游资源为发展具有民族性、娱乐性、观赏性为一体的体育旅游产业打下了良好的基础。广阔的客源市场，旺盛的需求为当地体育旅游产业的发展创造了市场条件，促使少数民族传统体育旅游业的不断扩大，产业化进程日益加快。

2. 云南少数民族传统体育项目资源开发利用对策

（1）依托特色景点旅游资源开发传统体育项目旅游资源

云南少数民族传统体育项目旅游资源的开发离不开体育旅游资源和旅游产业基础等要素的支撑，最有效的开发路径就是在整合云南省现有景点和现有旅游线路的基础上，尊重当地的风土人情，根据游客旅游需求的差异性，选择不同的体育旅游发展模式。凭借独特的旅游资源，云南省精心打造了一批精品旅游景区，如，丽江古城、大理古城、束河古镇、和顺古镇等，这些已经成熟的重点景区具有交通发达、配套施舍完善的优势，依托精品旅游景区开发当地少数民族传统体育项目旅游资源可以充分利用这些优势，避免了交通上的不便，减少了建设成本。如果重新开发新的少数民族体育活动景区必须要建设与之相配套的交通设施和基础设施，容易增加成本，造成资源的浪费。依托重点景区开发当地少数民族传统体育项目，游客在参观重点景区时就可以看到这些项目，使这些项目在更大范围内得到了推广和宣传，让游客在游览景区的同时欣赏到多姿多彩的少数民族传统体育文化，不仅满足了旅行者休闲娱乐的需求，而且满足了旅行者感知、体察当地民族特色文化，甚至亲身体验的需求。

依托云南现有旅游景点开发少数民族体育项目旅游资源具有如下优势：首先，可以将附近少数民族传统体育旅游项目移植到景点中，游客游览的时间和精力都是有限的，他们大多数会优先选择当地富有特色的景区，这样在欣赏当地美景的同时还能体验到云南独具特色的少数民族传统体育项目，而不用额外花费时间去寻找，可以说是一举两得；其次，旅游产业本身即具有较强的文化性，欣赏不同于旅游者出发地的文化特色是他们参与旅游的首要动机，开发独具特色的地方文化对于提升旅游者兴趣有着积极意义，近年来，国内居民对文化休闲活动需求日趋增加，相较于静态遗迹景观，当代旅游者更喜欢具有区域特色文化的少数民族传统体育项目，因此可以从乡镇上的民族村寨开始，就地开发少数民族传统体育项目，然后慢慢向周围扩散，以点带面，最后形成全省的少数民族传统体育旅游热潮。

①依托著名景点移植开发传统体育项目旅游资源

经过笔者调查发现，虽然云南建设了众多的精品旅游景区，但是很少在这些著名景点内看到少数民族传统体育项目踪影。以云南民族村为例，云南民族村位于昆明滇池国家旅游度假区内，占地面积为89公顷，园内以七种颜色为主色调，设有傣族、彝族、白族等25个少数民族村寨，是国家AAAA级旅游景区、国家民委民族文化基地。云南民族村紧紧抓住民族文化这条线，采用复原陈列的手法展示云南的民族风情，游客在民族村游览的过程中不仅可以欣赏到傣族象征吉祥的白塔、白族的大理三塔、彝族流传自远古时期的图腾柱、哈尼族的龙巴门、德昂族的龙阳塔，而且还可以近距离的观赏拉祜族的芦笙舞、聆听侗族的木鼓演奏的动听乐曲，倾听景颇族人演唱的木脑纵歌，体验布朗族的婚俗婚礼习俗，品尝精美独特的民族风味美食，民族村发掘其独特的民族传统文化，如实地展示各民族丰富多彩的生产生活和宗教习俗。值得注意的是，民族村注重开发民族传统文化，只不过将开发的重点放在了建设具有民族特色的传统工具生产生活工具中，却并未注意到民族传统节庆体育与旅游产业之间的耦合作用，由此出现了具有民族传统特色的节庆旅游发展相对滞后的问题。云南作为彝族、傣族等少数民族的主要生活区，孕育了多姿多彩的民族文化，每个民族都有着各自的风俗习惯，如彝族人民将农历的6月24日至26日定为"火把节"；傣族的传统节日为"泼水节"，举办时间为公历的4月中旬，连续庆祝3天；苗族的传统活动为"芦笙节"是每逢喜庆节日，所有苗族人民共同庆祝。民族村以传统节日为依托，不断加大节日活动的宣传力度，吸引各地游客来民族村参加传统节庆活动，但是这些民族的节日都是有时间限制的，只有这些节日活动的前后，民族村才迎来众多的游客，等到节日过后，随着游客的离去，偌大的民族村就会变得冷冷清清。别具特色的民族节庆活动是民族村最显著的营销特色，平时来民族村旅游的游客并不多，游客只能大略参观一下各民族的建筑，欣赏特色的生活用具，听导游讲解各族村寨的历史，运气好的还可能看到个别民族的表演。游客在民族村旅游是走马观花式的观光游，对于云南的民族文化的理解是肤浅的，甚至有的游客会觉得云南民族村不过如此，花这么多门票却只能看到这些，实在是太不值得了。事实上，少数民族传统体育活动才是最能体现各民族文化特点的，如果云南民族村根据各民族体育旅游资源和旅游功能定位，注重体育旅游产业的规划布局，优化体育旅游资源，在各少数民族村寨内开发传统体育旅游项目，就可以激发民族村的生机与活力，让平日来民族村旅游的游客也能每天感受到云南各少数民族的传统文化，让他们了解云南少数民族的传统文化，进而让游客的心灵受到感染，产生不虚此行的感受。除此之外，还可以在各个村寨举办小型的民族传统体育比赛，鼓励游客参加，这样游客在亲自体验各少数民族传统体育文化的同时也锻炼了身体。这一系列措施有助于云南旅游产业与体育产业的进一步融合发展，有助于形成具有区域特色的体育旅游，实现体育旅游的高质量发展。

同理，在云南其他著名景点开发少数民族传统体育旅游项目不仅可以扩大客流量，为景区带来更多的客源，而且少数民族传统体育旅游项目的引入带动了周边景区相关产业的发展，进一步促进了云南体育旅游产业的繁荣发展，形成了良性循环。

②依托特色小镇在当地开发传统体育项目旅游资源

云南省共建有滇中"国际旅游区"、滇西北"香格里拉生态旅游区"、滇西"火山热海边境旅游区"等六大旅游区，每个旅游区各有特色，有着不同风格的美。这些旅游区内很多是少数民族聚居区，如藏族的聚居区主要集中在香格里拉生态旅游区，傣族聚居区主要集中在滇西南"澜沧江—湄公河国际旅游区"，纳西族聚居区主要位于滇中"国际旅游区"，在这些地方可以就地直接开发当地少数民族传统体育项目。人们在欣赏当地优美的自然风光的同时可以观赏、参与当地少数民族传统体育活动，从而使游客对当地少数民族传统文化有更加深刻的认知和理解。

（2）大力开发云南少数民族节日旅游资源

虽然少数民族传统节日有着时间固定的特点，导致体育资源产业化的时间自由度受限，但是从长远来看，政府部门有效整合当地丰富体育旅游资源，优化区域空间布局，进行合理的功能分区，避免区域内体育旅游开发同质化严重，强化基础配套设施，构建快速交通网络，同时充分发挥民间资本和社会各界力量，积极探索体育旅游的新途径，进而带动节日之外整个民族体育资源的产业化。

在时间上，应尽量保持节日本身的年度周期。少数民族的传统节日之所以成为节日，就因为它有着自身固定的周期，少数民族会以特殊的仪式来庆祝节日。这就要求旅游部门在开发和利用传统节庆资源时要尊重少数民族的风俗习惯，进行适度的开发。如果旅游部门过于急功近利，为了尽快实现体育资源的产业化，人为地破坏节日的天然周期，就会扰乱当地的文化生态平衡，最终导致传统节日褪色、萎缩，从而对体育旅游区域整体发展造成不利影响。

在空间上，进行区域性和族群性的体育节日资源的有效整合。少数民族分散在云南省的各个区域，这就导致少数民族体育资源的分布呈弥散的点状，不利于传统体育旅游业的协调发展。因此，旅游部门要根据不同区域体育资源的特色，确立标志性的区域民族体育项目，构筑体育旅游产业集群，构建具有人文历史内涵的精品旅游路线，塑造整体品牌形象，把传统节日活动和旅游文化宣传巧妙结合，使之产生联动效应，开发一些体验性强、参与性广的群众性民族体育项目，从而吸引不同的旅游群体，满足多元市场需求，形成不同区域和民族节日体育资源的子系统。

（3）大力发展云南少数民族传统体育赛事旅游

①云南少数民族体育赛事的旅游属性

云南少数民族传统体育赛事具有观赏性、不可存储性、融合性和文化吸附性四个属性，具体表现在如下方面：第一，云南少数民族体育赛事具有极大地观赏性。少数民族传统体育活动并不是凭空产生的，是各族人民在长期的生产生活实践中创造出来的，是各族人民智慧的结晶，是各民族文化传统的直观体现。很多人进行旅游活动的目的之一就是欣赏各具特色的民族文化，少数民族传统体育活动对于喜欢少数民族传统文化的游客来说有着强烈的吸引力，对他们来说这些传统体育活动就是最具观赏性的节目。第二，云南少数民族体育赛事具有不可储存性。体育赛事的举行有着特定的时间和地点，一旦错过就不可能重现。近年来，组团赴异地观赛或亲身参赛已成为越来越多体育爱好者喜爱的旅游方式，体育赛事活动愈发受到旅游市场的关注，对于喜爱亲身参与体育赛事的游客来说，能够参加传统民族体育赛事是一件非常荣幸的事，错过之后就会异常可惜。第三，云南少数民族传统体育赛事具有融合性。少数民族体育赛事的举办可与庆祝传统节日同步，这样游客既可以参加体育赛事又可以参与传统节日的庆祝活动，从而大大促进当地旅游市场的发展。第四，云南少数民族传统体育赛事也具有文化吸附性。根据有关研究报告显示，少数民族运动会对举办地的发展有着积极的推动作用。每届体育赛事举办后，通过赛事的吸引力与辐射能力，带动区域观光旅游业、商贸服务业以及文化传媒业的发展，从而提升举办地的声望，促进当地旅游业的发展。由于云南少数民族传统体育赛事本身具有旅游属性，我们可以借助传统体育赛事，产生持续的传播力，完善当地的体育场馆设施，为游客提供丰富的深度体验内容，进而激发游客的二次消费，拓展经济发展新空间。

②云南少数民族传统体育赛事旅游开发路径

少数民族体育赛事旅游开发要从游客的需求出发，根据游客旅游的动机，少数民族体育赛事旅游可以分为游客参与型少数民族传统体育赛事旅游和游客观赏型少数民族传统体育赛事旅游这两大类。

云南举办的少数民族传统体育赛事不仅包括大型综合赛事，还包括一般赛事。虽然云南的少数民族传统体育赛事取得了一定的成效，但仍存在着举办间隔时间长、项目单一、游客体验差、体育旅游服务水平较低等问题。这种体育赛事虽然一定程度上改善了当地居民生活，提高了居民的收入，带动了当地旅游的发展，但是从旅游业的特点和旅客的要求来看，此种少数民族传统体育赛事旅游完全不符合旅游业的特点，更无法满足游客的多元化需求。少数民族体育赛事的举办周期为4年1次，政府在举办过程中占据主导地位，各参赛单位参加体育赛事的唯一目的就是争夺奖牌，竞赛成绩成为参赛单位日后从政府部分获取资金支持的筹码，过于强调比赛结果和比赛名次，根本没有考虑游客是否有参与体育赛事的需求。从比赛地点上来说，少数民族体育赛事大都被安排在正规的体育馆内进行，喜爱民族体育赛事的游客只能远距离地观赏体育赛事，使少数民族体育赛事旅游中的参与性大大降低。从参赛者来说，大部分少数民族体育赛事的参加者都是水平较高的运动员，他们经过了多年的正规训练，参赛的目的是积累比赛经验、提高自己的竞技水平，这就导致他们在参赛过程中将所有的精力都放到了比赛中，没有时间、精力与游客互动，不免与游客间产生一种距离感。

因此，我们在开发利用少数民族传统体育赛事旅游时应借鉴欧美发达国家少数民族体育大型赛事的成功经验，重点扶持本地体育旅游项目，创新发展体育制造业，持续培育体育旅游精品项目，搭建各类体育旅游资源推介平台，加快发展体育旅游产业，鼓励社会力量和一般民众参加少数民族传统体育赛事；结合地理条件和体育资源，引入体育旅游新项目，积极拓展户外运动和旅游市场，加快发展住宿、餐饮等配套服务体系，强化体育基础设施建设，提升体育旅游产业交流合作水平，扩大体育旅游市场影响，形成云南体育旅游品牌，带动景区游客量增长，推动云南旅游产业转型升级。

第二节 体育旅游市场的营销与管理

一、体育旅游市场的营销策划

（一）市场营销策划概述

实现商品销售，是企业进行市场营销的重要目的之一。通过开展各类市场营销活动，能够很好地帮助企业对消费者的各类需求进行了解和掌握，并根据消费者具体的需求来对相应的产品进行设计，通过采取各类销售手段来促使消费者做出相应的购买选择，从而实现商品的交换。通过市场营销，实现了商品在市场中的购买和销售。

在进行市场营销的过程中，商品在空间上发生了位置转移，在市场经济规律的调节下，达到了供需平衡的状态。市场上各种商品和信息不断流通的市场，市场营销的物流功能促进了交换功能的实现，促进了市场的健康发展。通过开展市场营销，企业能够更好地促进买卖双方的交流，为产品、资源、信息、资金等的流通提供相应的便利。

在组织和开展各类营销活动的过程中，要做出相应的市场营销策划，通过准备、计划、协调和执行，最后完成相应的营销活动。对于市场营销策划，一些学者将其定义为：将满足消费者的欲望和需求作为核心，根据企业的营销目标，来对企业的产品、服务、价值、创意、促销、渠道等进行设计和规划，从而实现组织与个人之间的交换过程。

市场营销活动是通过一系列有组织的人员来负责实施的，其成功与市场营销策划有着很大的联系，市场营销策划是在对经营组织的营销环境进行充分认识和分析之后所制定出来的，并且在对体育市场特征进行充分认识和深入研究的基础上，与企业的资源条件、体育经营单位的总体目标等相配合来进行拟订，这样既能够对整个企业营销活动进行指导，同时也能够对营销过程中存在的问题进行解决。

市场营销策划并不是单纯地与体育有关的广告或者与产品的销售策划活动，它是全面性的，其内容包括实现既定目标的方法、途径以及各项资源的配置，它的目的在于为企业营销赢得全面胜利。

市场营销策划的意义主要表现在以下四方面：

第一，为了更好地促进企业的发展而提供理想的路线图；第二，通过营销策略的指导，实现企业的发展战略，进行科学化的管理；第三，更好地利用人力、财力和物力资源，协调好人与人之间的关系；第四，更好地帮助企业对发展中存在的问题有一个清晰的认识，对其中存在的机遇和挑战加以更好地把握和应对。

（二）体育旅游市场营销策划的步骤

一般来说，体育旅游市场营销策划的准备步骤，如图5-2-1所示。

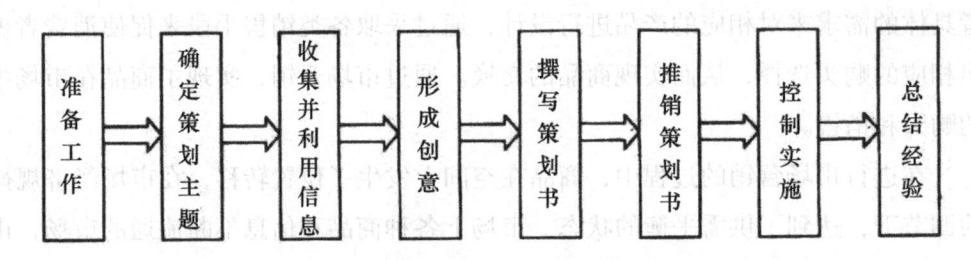

准备工作 → 确定策划主题 → 收集并利用信息 → 形成创意 → 撰写策划书 → 推销策划书 → 控制实施 → 总结经验

图 5-2-1 体育旅游市场营销策划步骤

1. 准备工作

（1）准备工作的要素

针对体育旅游产品进行营销策划的过程中，首先要做好准备工作，这主要是提供与企业经营有关的背景材料，如企业特点、企业经营状况、竞争对手状况、市场环境等。

分析体育旅游市场，形成市场分析报告，对市场的规模、市场近几年的发展情况以及消费者的购买行为和消费需求趋向等进行详细的说明。

分析体育旅游产品以及相关服务的过程，要深入分析产品的价格变动情况、销量情况以及利润情况等。

详细分析体育旅游市场的竞争情况，特别是深入分析竞争对手的情况，做到知己知彼，从而更好地开展营销活动。具体而言，应对竞争对手的经营策略、促销策略、产品特色等进行分析，并对其市场占有情况和未来发展趋势进行研究。

（2）SWOT 分析

在准备工作中，还有一个非常重要的工作，就是针对本企业的经营进行 SWOT 分析，具体是指优势（Strengths）、弱点（Weakness）、机遇（Opportunities）和威胁（Threats）。

在营销环境之中，机遇是对企业来说最为有利的因素。对环境机会进行评估主要包括以下两个方面：第一，吸引力，也就是潜在的获利能力；第二，获得成功的可能性。能否将环境机会看作企业机会，需要看环境机会是否与企业的资源和发展目标相符合。

在营销环境之中，威胁是对企业不利的因素。对于环境威胁主要可以从以下两个方面来进行分析：第一，可能带来的损失大小；第二，发生的概率以及概率大小。

通过开展SWOT分析，首先要分析体育旅游企业所处的外部环境，找出其中存在的有利因素，并对不利因素进行有效避免。

在分析外部环境的基础上，更好地分析企业内部的经营状况，包括对企业的优势和劣势进行分析，并客观地描述。在制定营销策划的过程中，要对企业的优势进行充分利用，并积极地改进其存在的缺点，同时可将优点和缺点有针对性地解决问题，然后开展相应的策划。

2. 确定策划主题

（1）策划主题的选择

通常来说，体育旅游市场的营销策划主要来源于以下三个方面：

第一，通过上级来将主题直接下达；第二，通过开展部门会议以及公司策划会议来对主题进行讨论并决定主题；第三，根据自身的思考和判断，策划人员来选出相应的策划主题。不同的企业，在经营方面存在不同的状况，在对策划主题进行选择时，也会有着不同的参考标准。如果缺少了相应的参考标准，那么就会导致在策划主题的选择方面存在一定的盲目性，从而造成一定的资源浪费。通常来说，为了使策划的盲目性得到有效避免，那么策划主题的来源主要从以下四个方面来进行：第一，企业的管理者、上层领导根据企业的总体发展设想来下达策划主题；第二，企业的高层管理者进行多方面的讨论，觉得很有必要的策划主题；第三，部门主管觉得很有必要，然后进行会议讨论而获得认可的主题；第四，由营销策划部门提出的、经体育组织高层认可的主题。

（2）明确策划主题

在筛选出策划主题之后，要对策划主题进行进一步明确，并明确下一步工作的开展方向。策划主题越明确，那么所获得的策划成效也就越好，更有利于下一步工作的顺利开展。

（3）设定目标

在体育旅游市场营销策划中，目标是策划的核心部分，它对制定整个营销策略以及行动方案都具有非常重要的意义。通常来说，体育旅游市场营销的策划主要有两类目标：一是财务目标，二是市场营销目标。财务目标与营销目标有着相辅相成的关系。通过达成营销目标，就能够顺利实现财务目标。在对相应的目标进行制定时，要尽量避免目标的模糊不清，要采用数字标准进行设定，通过定量的方式来进行表述，以便于最后对目标的完成情况做出测评。

3. 搜集并利用资料

体育旅游市场营销策划就是通过对有限的资源加以综合利用，来获得最为理想的效果，这需要收集各个方面的资料和信息，以确保策划符合具体实际情况，以制定出更为科学的策划，市场调查就是要多看、多听、多问、多查。详细地说，在收集资料方面要做好以下几点要求：

（1）市场需求调研的内容

市场需求调研的内容有以下三方面：第一，商品在市场上的供需情况以及变化趋势；第二，在改变销售策略之后，可能带来的商品销售量的变化以及竞争者销售量的变化趋势等；第三，企业自身产品的市场需求结构、需求潜量以及销售潜量等。

（2）消费者的调研

对消费者的购买动机、购买习惯和购买欲望等进行调查和研究是针对消费者进行调研活动的主要内容，由此可见，对消费者进行调研是目前市场调研中最为重要、最为困难的课题之一。消费者的购买行为模式如图5-2-2所示。

外部刺激		购买者的"黑箱"		购买者的反应
营销	其他	购买者的特征	购买者的决策过程	产品选择 品牌选择 经销商选择 购买时机 购买数量
产品 价格 地点 促销	经济的 技术的 政治的 文化的			

图 5-2-2 消费者购买行为模式

对体育消费者开展的调研，具体内容包括以下几个方面：第一，组成体育消费者的群体有哪些？第二，体育消费者购买力水平与消费结构如何？第三，购买体育商品的主要人群是谁？第四，使用者是谁？第五，购买行为的决策者是谁？第六，体育消费者的购买决策会受到哪些因素的影响？第七，体育消费者对体育实物消费品、体育劳务或服务产品的要求，以及购买动机和购买习惯是什么？第八，体育消费者是否信任本体育经营单位，印象如何？

（3）竞争情况调研内容

通过进行竞争情况调研，能够对竞争对手的基本情况进行掌握，并根据对手的经营情况来制定出相应的竞争战略。第一，同行业竞争者有多少？第二，竞争者产品的品种、数量、成本、价格和利润水平如何？第三，竞争者的市场经营方针及策略是什么？第四，各竞争对手的经营实力如何，市场占有率是多少？第五，各竞争对手的优势和劣势是什么？

（4）市场营销组合影响的调研

①体育产品调研

体育产品调研主要包括产品的试销调研、产品的包装调研、产品的生命周期调研以及消费者对本经营单位产品的评价。

②分配调研

分配调研主要包括对经销单位、中间商的销售状况以及产品预售和代销渠道的调研等。

（3）价格调研

价格调研主要包括消费者对体育服务或体育劳务消费品以及实物消费品价格变动的反映以及新开发的消费品价格调研等。

4. 形成创意

信息的收集与整理的过程，便是创意产生的过程。在对信息进行收集的过程中，能够获得一些线索和灵感，从而形成相应的创意。创意产生的过程就是信息的收集、整理、组合的过程，可将这一过程分为三个阶段，分别是灵感产生的线索启示、产生灵感、产生创意构思。

5. 撰写策划书

营销策划书是一种书面材料，为了保证某一营销策划得以顺利实施。该部分在整个策划中占据着非常重要的地位。策划书要通俗易懂，能够让别人信服。通常来说，营销策划书主要包括封面、目录、前言、策划摘要、背景分析、策划目标、方案说明、预期效益、使用资源、风险评估等方面的内容。

6. 控制实施

控制实施就是在通过策划方案之后，接下来实施的过程。通常情况下，策划与实施是由两个单位共同完成的。这就要求策划部门要与实施部门之间保持良好的沟通和交流，从而有效地实施策划方案。在实施策划方案时，要针对整个的实施过程进行考核，以确保策划方案能够得到科学实施。

二、体育旅游市场的管理体系建设

（一）体育旅游市场的人力资源管理

要想在体育旅游行业中获取出色的人力资源应按照一定的步骤进行（如图5-2-3）。此外，也可参考企业构建人才招聘体系。

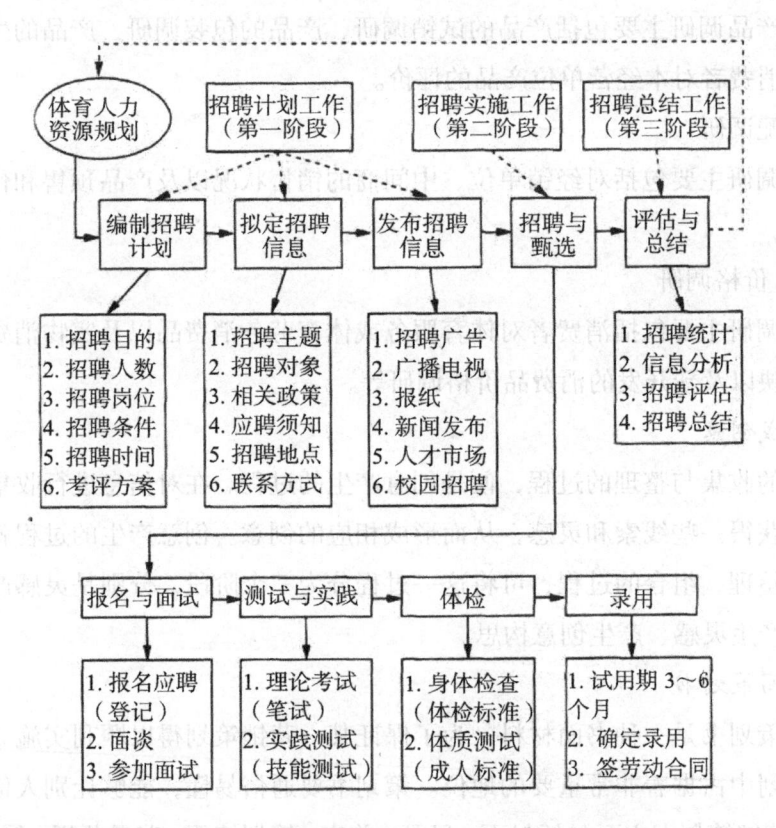

图 5-2-3 体育旅游产业人力资源管理步骤图

这里需要强调一点，对体育相关产业的人力资源的选择范围是较大的，要结合不同企业的实际状况考虑，所以图中的步骤应作为一种参考，而不必完全照搬使用。在实际使用中，可根据自身情况和行业特点对其中的一些步骤予以取舍，使其更加符合体育旅游行业的人力资源获取要求。

从整体来说，体育旅游人力资源获取的几个关键环节如下：

1. 招聘决策

（1）招聘决策的概念

招聘决策是管理者围绕所需要招聘的岗位做出的一系列决定。

（2）招聘决策的过程

招聘决策的实施要经过提出招聘需求、识别招聘需求和决定招聘需求三个步骤，这些是招聘决策的基本过程。

（3）招聘决策的内容

招聘决策有以下内容：第一，确定需要招聘的岗位、岗位要求、所需人员数、人员职责；第二，发布招聘信息的时间与渠道；第三，实施招聘行为的部门或人员；第四，确定招聘预算资金；第五，招聘截止日；第六，新员工到岗日。

2. 发布信息

（1）发布信息的概念

发布信息是将招聘信息传递到应聘者一方的行为。一般来说，可将发布招聘信息这项工作看作对招聘渠道的选择或是确定某种招聘方法。如果可以，所要发布的信息应首先在内部公布，优先考虑招聘对内部较为熟悉的员工。

（2）发布信息的原则

招聘信息发布的原则主要为及时性原则、广泛性原则和层次性原则。如此可使招聘信息的发布效率更高、效果更好。

（3）发布信息的渠道

发布信息的渠道有两种，一种是传统媒体渠道发布，如报纸、广播、电视、杂志等；第二种是新型媒体渠道发布，如互联网、手机 App 等。

3. 人员的选拔与评价

简历筛选和招聘测试是进行人员选拔和评价工作中的常用方式。

（1）简历筛选

负责简历筛选工作的一般为人事部门和用人部门。现代简历的形式主要有纸质版和网络电子版两种，不同应聘者的简历可能是按照不同的模板制作的，所以可能不能满足所有招聘方对应聘信息的需求。因此，在进行简历筛选前应提供给应聘者招聘方制作的标准化简历模板，如此可更高效地获悉应聘者的各方面信息，从而提高简历筛选工作的效率。

（2）招聘测试

①招聘测试的概念

招聘测试是采取考试、面试、经验评定等方式对应聘人员所具有的能力进行鉴别的活动。

②招聘测试的方法

在体育旅游人力资源的选拔活动中，较常使用到的招聘测试方法有笔试、面试、心理检测、情景模拟和专业技能测试等。

4. 人事决策

（1）人事决策的概念

①广义的概念

广义上的人事决策是与体育旅游人力资源开发与管理活动有所联系的各项决策。

②狭义的概念

狭义上的人事决策则是具体的关于人事任免方面的决策。

（2）人事决策的方式

通常来说，常见的人事决策方式主要有数据资料综合研究会议法和综合评价表法两种。

（二）体育旅游市场的安全管理

1. 体育旅游安全预警体系

事前预警是做好体育旅游安全管理工作的首要任务。做好安全事故发生前的预警工作可以在很大程度上降低事故发生概率，并且能提高相关人员对风险预估的能力。对体育旅游活动中安全性事件的事前预警的意义还体现在，这是最能减少风险处置经费的方式，力求将风险扼杀在来临之前。因此，就需要对体育旅游活动进行跟踪监控，对其中存在的、可能诱发事实危险的因素进行寻找和辨识。危险因素一经发现就要及时上报并予以解决，以使体育旅游活动的整个过程都能顺畅进行。

要想建立起一个完善的体育旅游安全预警体系，需要注意做好如下几点：

第一，在分析了众多实际中发生的体育旅游安全事故案例后可知，出现安全事故的体育旅游活动的占比极低,且其中大多数的事故的发生是突发性的。但即便如此,对待安全问题也不能麻痹大意,这毕竟是一个客观存在的问题。正因为事故的发生有着概率低和突发性强的特点,所以当事故来临时人们的准备往往不足,应对起来也是手忙脚乱,缺乏系统的处理方式,如此带来的后果就是造成巨大的损失,以至于事故的善后工作依旧需要消耗人们的精力和时间。因此,体育旅游活动的组织人员、体育旅游者等均需转变思维,提高安全活动意识,真正从思想层面上重视安全活动的意义。

第二,尽管体育旅游活动中安全事故的出现总是突发性的,但许多案例都指出,多数安全事故的出现还是有征兆可循的。如果这些征兆信息能被敏锐地捕捉到,并采取恰当的处理措施,事故出现的概率也是可以被降低,甚至是消除的。由此看来,建立起一个完善的体育旅游安全信息搜集、分析、发布及通信保障机制就显得格外重要。

第三,要完善现有的体育旅游安全应急预案,确立更加严格的体育旅游活动安全监管人员的资格考核制度,并且定期组织安全监管人员培训,培训内容中应安排较多的应急模拟训练和联合演习等。对于安全应急预案来说,应根据实际活动中发生的变化和出现的新情况进行修改,体育旅游安全保障能力同步提高。

2. 体育旅游安全政策法规体系

体育旅游政策法规规范不仅指导着体育旅游保障体系中的控制、预警和施救等行为,还为体育旅游的安全管理提供了法律依据。从本质上说,它从政策法律上对体育旅游从业者的行为进行约束与规范,由此提高相关人员的安全意识和防控意识。

现如今,我国与体育旅游相关的法律法规并不算完善,很多条款还在探索和实践中。但在实际中,体育旅游活动的类型非常多,而现有法律法规只有针对漂流活动的《漂流旅游安全管理暂行办法》,除此之外的其他项目则没有相关管理办法,欠缺面可谓是较大的。因此,未来在制定体育旅游项目相关法律法规的工作上还需加快进程。

3. 体育旅游安全救援体系

体育旅游的安全问题应是被放在首位考虑的。单就体育旅游的安全救援这项工作来说，其具有复杂和突发性强的特点，属于一项综合性的社会性工作，特别是对救援队有着较高的要求。因此，这项工作需要政府牵头指导，培养不同级别和处理不同安全问题的救援队。这一体系在发达国家中较为完备，可适当汲取相关经验，再结合我国实际，力求搭建符合我国体育旅游安全需要的救援体系。

4. 体育旅游安全保险体系

现如今，在我国热衷参加体育旅游的人数越发增多，相伴而来的就是安全事故发生率的提升，由此就引申出了一个新的问题，即体育旅游者的保险保障问题。体育旅游的性质决定了人们要来到自己不熟悉的地方，如丛林、沙漠、山间、河湖等地区，无形之中增加了旅游者遇到危险的概率。对于要面对的危险，人们首先想到的就是购买保险。保险是在危险事故发生后积极有效地补偿保险人的一种补偿方式。这在体育旅游产业发达的国外非常普遍。然而，在我国，体育旅游保险产品尚处于初级阶段，不能很好地满足消费者的需求，所以日后需要保险公司更多针对这一产业和需求研发性价比和保障性较高的体育旅游保险产品。

5. 体育旅游教育体系

体育旅游教育所关注的是提升体育旅游参与者的安全意识。具体来说，就是要让体育旅游者了解自己即将参加的活动有何种挑战与风险。除了要让他们对此有深刻的认识外，还应使他们正确评估自己的技能与体力，以避免在活动中做超出自己能力范围的行为，增加风险出现的概率。另外，在接受了必要的体育旅游教育后，还可使体育旅游者掌握必备的避险和自救技能。

第三节　体育旅游产业的集群化发展

一、体育旅游产业集群理论

（一）分工理论

产业集群可以说是一种产业组织形态，其形成和发展具有一定的理论基础和渊源。产业集群的核心在于分工与协作，各产业部门之间的分工与协作，能极大地提升产品生产的效率，各方实现共赢的目的。如今产业集群理论在各行业部门都得到了广泛的利用，在体育产业发展的过程中，这一理论也得到了一定程度的利用。

产业集群理论的内容非常丰富，经过一段时间的发展，已形成了一个比较完善的理论体系，亚当·斯密的分工理论就是这一理论体系的重要内容。亚当·斯密曾经指出，经济水平如何对于一个国家及社会的发展具有非常重要的意义，经济发展的主要表现是生产效率的提升，只有生产效率得到提升了，社会经济才有可能获得发展。而要想实现生产效率提升的目标，各类企业必须求同存异，克服各种困难，加强彼此间的交流与合作，在合作中获得理想的经济效益和社会效益。可以说，分工理论为产业集群中主体即企业组织优化分工协作体系作出了理论上的阐释，为体育旅游产业的协同发展的研究奠定了良好的科学理论基础。

（二）增长极理论

在现代区域经济学的发展中，增长极理论可谓起到了至关重要的作用。1950年，法国经济学家佩鲁提出了增长极理论，之后布代维尔、弗里德曼等专家又进一步丰富与完善了这一理论体系。

增长极理论认为，区域经济是由从事某项经济活动的若干企业或联系紧密的某几项经济活动集中于同一区位而产生的。某一专业化生产的多个生产部门集中在某一区域，可以形成较大的原材料等生产资料的市场需求和所生产品的市场供给，在这一过程中可以产生规模经济和外部经济，同时也可以产生乘数效应、极化效应、扩散效应。依据增长极理论，由于产业集群本身就具有多重经济效应，可以作为区域经济发展的极核。因此，政府相关部门可以采取自上而下的方式来促进产业集群的产生。体育产业集群正是在这一理论背景下产生与发展的，而体育旅游产业作为其中的重要组成部分也获得了相应的发展。

（三）新空间经济理论

新空间经济理论认为，某些偶然的因素会导致社会上出现区域专业化生产的现象，在产生这一生产形式后，随着社会的不断发展，该产业规模不断扩大，同时会产生较大的规模效益，从而形成外部规模经济作用下的一种自强化效应，并形成路径依赖，导致产业集群的形成与发展，这就是新空间经济理论。这一理论是体育旅游产业集群理论的重要基础。

(四)外部经济理论

阿尔弗雷德·马歇尔提出了著名的外部经济理论,他通过多年来对产业经济的研究,指出产业集群主要是由市场机制的资源配置作用而自发组织形成,市场机制的资源配置作用将会促使产业集群内的企业共同享有产业集群区域范围内的专门化劳动力市场、专业化生产投入品、生产所需的技术与服务以及生产技术知识溢出,从而形成外部经济。这种情况既提升了集聚在产业集群内的企业生产函数,又使之优于单独存在的企业的生产函数。

但需要注意的是,集聚也会在一定程度上对体育产业的发展产生一定的负面影响,如激烈的竞争会导致企业的生产成本上升、企业之间的过度竞争则会影响产品的利润率等。由此可见,产业集群所产生的外部经济与外部非经济往往是相伴出现的,外部非经济表现出明显的负面作用,极易导致产业集群的分裂,因此一定要做好外部经济与外部非经济之间的均衡发展。

(五)集聚经济理论

集聚经济理论是产业集群理论发展的重要基础,在这一理论的引导下,体育旅游企业会引进专业化的技术设备,加强专业技能劳动力市场的建设,不断节省体育企业运营成本,这就促使了体育产业集群的产生与发展。

集聚经济理论的出现对于区域经济以及产业集群的建立与发展具有重要的意义。体育旅游产业的发展要以这一理论为基础,加强不同区域以及不同行业之间的关联,形成一个良好的体育旅游产业集群,集群内的各个体育旅游企业获得共同发展。

(六)新竞争优势理论

迈克尔·波特通过构建产业发展的"钻石模型",提出了获得产业竞争优势的四个要素,这四个要素分别是生产环境、市场需求及相关产业、产业集群的战略与结构、竞争对手。另外,他还重点分析了促进企业竞争力提升的两个变量因素,即政府和机会,深入研究了一个产业集群建立和形成的基础条件。以上种种要素相互影响、相互作用,从而产生推动产业集群发展的动力,在这样的情况下就产生了一定的产业集群。

后来,波特对新竞争优势理论做了进一步的研究与说明,丰富与完善了新竞争优势理论的内容。随着时间的变化，这一理论体系更加完善，成为体育旅游产业集群发展的重要理论基础。

（七）社会网络理论

社会网络理论是在 20 世纪 90 年代兴起与发展的，这一理论主要由经济活动的社会嵌入理论、社会资本理论等分支理论构成。根据这一理论，社会各企业在进行交流与合作的过程中，受地域文化、社会资本等方面的影响，容易构建一个非正式契约的信任与合作关系。在这样的情况下，产业集群得以产生与发展。

大量的研究与事实表明，社会网络理论符合产业集群发展的内在规律，对中小企业集群的形成和发展具有重要的作用。例如，我国学者曾经指出，中国很多的民营中小企业集群都是以家族血缘关系为基础而建立起来的，其发展主要是通过信任与合作机制进行的。社会网络理论也是体育旅游产业集群形成与发展的重要理论基础。

二、体育旅游产业的集群构建路径

（一）制定合理的产业集群政策

一个国家及地区社会经济的发展在一定程度上依赖于国家制定的政策，可以说，政策是经济发展的重要保证，只有在良好的政策指导和保障下，社会经济才能得到健康、持续的发展。而对于体育旅游产业的发展而言也是如此，制定一个合理的产业集群政策对于提升体育旅游产业的竞争力，构建科学的产业集群具有重要的意义。一般情况下，制定的产业集群政策要与集群设施及服务保持紧密的联系。要制定相应的鼓励政策扶持产业集群内体育企业的发展，不断提升产业集群的创新能力，让集群内的体育企业保持竞争的活力。需要注意的是，体育产业集群政策的制定不仅要与实际情况相结合，还要与传统的产业政策区别开来，产业集群政策的制定不能只停留于表面，而是要深入产业集群内部不断提升创新能力，采取科学的规划与措施。

（二）充分利用政府的职能

体育旅游产业集群的形成与发展离不开政府的宏观调控，政府在其发展过程中扮演着十分重要的角色。在体育产业集群建立和形成的过程中，政府的职能要随着体育旅游产业的发展而不断做出调整和改变，要根据体育产业的发展特征及具体实际制定科学的规划和策略，为体育企业的发展营造一个良好的竞争环境，为体育企业创造良好的集群品牌奠定良好的基础。另外，政府部门还要为体育企业创造一个良好的制度环境，这是体育产业集群建立、形成与发展的重要保障。政府必须严格遵循市场经济发展的基本规律，与体育企业保持紧密的联系，为体育产业集群化发展提供良好的多样化的服务。

（三）加强协作意识

在当前市场经济发展的背景下，各个行业之间的竞争越来越激烈，而处于体育旅游产业集群内的各类企业也会展开激烈的竞争，这是市场经济发展的必然结果。需要注意的是，这种竞争应该是有序的竞争、公平的竞争，而不是盲目的竞争，否则只会带来一定的损失，不利于产业集群的健康发展。在产业集群内的体育企业可以相互合作，以便降低企业的交易成本，为企业创造更大的经济利益，进而提升体育旅游企业的市场竞争力。

（四）加大智力支持

体育旅游产业集群要想获得可持续的发展，除了要加强彼此之间的合作外，还要充分利用社会各方面的力量，如科研机构和高等院校等。体育旅游产业在发展的过程中需要一定的科研机构提供一定的服务，这不是体育旅游企业所能解决的；而高等院校则能为体育产业集群内的体育旅游企业提供高素质的人才，这些宝贵的人力资源对于体育旅游产业集群的建设与发展具有重要的推动作用。

（五）全面提升产业集群的竞争力

要想构建一个科学、完善的体育旅游产业集群，还需要不断提升产业集群的竞争力。根据波特竞争优势的钻石模型，体育旅游产业集群竞争力取决于四个基本因素，即生产要素、需求状况、相关和辅助产业状况、企业的竞争条件以及两个辅助因素，即政府和机遇。可以通过以上要素来构建具有影响力的体育旅游产业集群。

1. 四个基本要素

（1）生产要素

在生产要素方面，为促进体育旅游产业集群的建设，必须充分发挥我国东、西部体育旅游资源各方面的条件优势，注重产品质量的提升，加强内容资源整合，增强服务黏性，深度整合传统媒体和新媒体资源，打造有影响力的品牌。除此之外，要坚持人才兴旅，实施人才发展战略，加快体育旅游专业人才资源开发，提升从业人员的运营、管理和服务水平，从而推动体育旅游产业集群化发展。

（2）需求状况

在需求状况方面，体育旅游产业集群内的相关产业部门要充分考虑国际、国内市场的需求状况，设计与开发独具特色的体育旅游产品，为体育旅游爱好者提供多样化的服务，从而形成一个富有区域特色的体育旅游产品集合群。

（3）相关产业与辅助产业

在相关产业与辅助产业方面，要进一步推动与体育旅游产业相关产业的发展，如住宿、餐饮、运输等产业，这些产业的发展能为体育旅游产业的发展创造良好的条件和保障。另外，为促进体育旅游产业的发展，还可以促进其配套产业的发展，如体育旅游用品业、体育赛事旅游业等。

（4）企业竞争条件

影响体育企业竞争的条件是多方面的，体育企业管理人员一定要认真分析这些条件或因素，从而为体育旅游产业的发展创造良好的条件。这些条件或因素主要有经营能力、管理理念与方式、竞争战略规划、企业文化建设等。在体育旅游产业发展的过程中，要实现规模化的经营，加强人力资源的开发，推进科研创新，促进体育旅游产业集群的快速发展。

2. 两个辅助要素

（1）政府

政府要充分利用各种政策优势，立足于市场，加强体育旅游产业的基础设施建设，丰富旅游产品，完善消费维权工作机制努力创建体育旅游消费试点城市，着力营造诚信、安全的体育旅游消费环境，鼓励有条件企业做强做优，强化大众体育旅游意识的培养。

（2）机遇

在机遇方面，要紧紧抓住举办奥运会、世博会、亚运会等重大机遇，利用各种有利机遇，形成开发与建设体育旅游产业集群的热潮。如2022年在北京和张家口举办的冬奥会就是这样一个良好的契机，各体育旅游企业要抓住这一历史的机遇，尤其是北京、张家口等地的体育企业要形成一个巨大的合力，构建一个完善的体育旅游产业集群，这对于我国体育旅游产业的发展具有重要的意义。

（六）发挥核心企业的带动作用

核心企业在体育旅游产业集群化发展中发挥着极为重要的作用，在很大程度上决定着整个产业集群的市场竞争力。在当前我国体育产业市场中，存在着大量的中小企业，这些中小企业的发展需要核心企业的带动与扶持，只有双方加强彼此间的沟通与交流、融合与合作才能实现共赢的局面。为促进双方的发展，政府相关部门在招商引资的过程中要充分阐明自身的优势，吸引一些大型企业前来投资与发展，这是推动体育旅游产业集群化发展的重要举措。除此之外，政府部门也要给予体育旅游企业必要的政策支持，制定一些优惠政策，实现在某一区域集聚更多体育旅游企业的目标。

（七）建立与完善线上推广体系

随着现代社会的不断发展，各种新兴的技术不断涌现，如今人类社会已经进入一个互联网高速发展的社会，社会各个行业及领域都与互联网产生了紧密的联系。体育旅游产业的发展也不例外。

在当今社会背景下，各种高科技手段、信息技术等在社会各个领域都得到了广泛的利用。如计算机、手机等已深入每一个家庭和人群，在人们的生活与工作中扮演着十分重要的角色。在信息化社会的背景下，智能手机得到了极大的普及与发展，通过手机人们能解决各种生活或工作问题，大大提高了工作的效率。对于热爱旅游的旅游者而言，可以充分利用手机 App 选择旅游目的地、预订酒店、规划行程路线等，这为人们提供了极大的便利。手机和互联网可以极大地促进体育旅游产业集群的发展。大量的实践与事实表明，建立体育旅游的线上推广体系，对于体育旅游产业集群的建设与发展具有重要的推动作用。

（八）采取多样化发展模式

1. 龙头带动型发展模式

当前我国体育旅游产业内的企业规模普遍较小、起点较低，能力不足，要想实现体育旅游产业的集群化发展并不是一件容易的事情。为此，必须积极扶植和培养核心领导型企业，发挥其促进产业集群发展的作用。要实现这一目的，需要做好以下三个方面的工作：

（1）加强体育旅游企业间的合作

在体育旅游产业发展的今天，主要存在着核心领导型企业与中小企业两种类型，要想实现这两种类型企业的共同发展，就需要加强二者之间的协作配合，先发展核心领导型企业，然后以其带动中小企业的发展，这样能有效降低体育旅游企业的成本，实现合作共赢的效果。

（2）发挥知名品牌带动作用

在体育旅游产业发展的过程中，利用知名品牌带动其他体育产业的发展也是一个重要的策略。在知名体育品牌的带动下，这些中小企业往往能获得不错的发展。

2. 区域品牌聚集型发展模式

在以往的体育旅游产业发展中，主要存在着景点竞争、项目竞争和线路竞争等几种竞争形式，但是伴随着体育产业的不断发展，以及区域经济一体化的发展，很多体育旅游企业开始寻求区域内的沟通与合作，通过区域内各企业之间的合作，能实现资源共享、双方共赢的局面。这就是通常所说的区域品牌聚集型发展模式。因此，在未来的发展中，可以引导一些规模较大的核心企业，促使其采取区域集群化经营，使其向着集团化、专业化和网络化的方向发展。

第四节 体育旅游产业的竞争力分析

一、中国体育旅游产业竞争力现状分析

（一）政府调控力

1. 各级政府对体育旅游发展的产业政策

近年来，体育旅游产业在国民经济中发挥的作用日益重要，越来越多的国家意识到体育旅游产业是推动经济发展和社会进步重要动力，因此很多国家纷纷出台相关政策，以促进体育旅游产业的持续健康发展。随着体育旅游更广泛地融入

人们的日常生活，其在体育产业发展链条上的作用愈发重要。当前我国体育旅游产业于处于初级阶段，存在诸多限制，比如产品同质化严重、产品结构单一、服务体系不完善等。国外在体育旅游业的政策制定和实施方面的实践，为中国体育旅游产业的发展提供了成功经验。如加拿大高度重视体育旅游产业的发展，为了推动体育旅游业的进一步发展，实现体育旅游产业的转型升级，加拿大的本拿比市出台了对体育赛事承办的资助计划。该计划明确指出非营利组织如果想要在本拿比市推广和举办体育赛事，就可以得到政府部门的资助，根据赛事的不同等级，政府的资助金额也是不相同的。当大学想要举办校际间和升级的比赛时可以获得最高额度为2000美元的政府资助，当非营利组织想要举办国际级赛事时可得到最高额度为5000美元的资助。

2. 体育旅游设施安全标准和专业技术人员的从业标准

在体育旅游活动中，有相当一部分项目具有一定的风险性。要保证这些项目的可持续发展，就必须建立相关标准。目前，我国一些景区存在重服务、轻安全的现象，这与安全标准的缺失有很大关系。

3. 各级政府对体育旅游发展的相关制度

通常而言，制度是指规范、约束人们行为的规程或准则。制度既有规范、约束的一面，又具有指导、激励等作用。目前，我国体育旅游相关制度建设非常薄弱。另外，我国体育旅游的监管、评价制度建设严重滞后于体育旅游产业的发展。

（二）企业竞争力

1. 体育旅游企业营销能力

体育旅游产业是外向型很强的产业，对宣传促销有很强的依赖性。据调查，"目前我国体育旅游企业的广告费用占成本和销售额的比重正逐年上升，由2005年的7%~9%上升到2009年的12%~15%。广告费用支出较大企业的投资回报率也高于整个体育旅游产业的平均利润率"。在旅游业竞争日益激烈的背景下，我国体育旅游产业需要通过"互联网+"的模式来推动发展并利用互联网思维，构建多元化的营销渠道，借助移动互联网提升效率，积极利用新媒体宣传体育旅游产品。

2. 体育旅游产品的市场占有率

产品的市场占有率同产品的竞争力之间是正相关关系。通常来说，产品的市场占有率越高竞争力也会越强；相反，产品的市场占有率越低，其竞争力也会越弱。有关研究显示，"我国旅游行业的净利润率仅在 2002 年达到 3.6%，其他年份均在 1% 左右"，由此可以推知，体育旅游企业创造的利润就更低了。造成我国体育旅游产品市场占有率不高、竞争优势薄弱的主要原因是体育旅游产品的结构还不完善。

（三）市场需求

1. 城镇居民人均可支配收入

体育旅游需求的产生是以一定的经济条件为前提的。作为衡量体育旅游市场需求的重要指标，居民可支配收入是指反映居民家庭全部现金收入能用于安排家庭日常生活的那部分收入。它是家庭总收入扣除交纳的所得税、个人缴纳的社会保障费以及调查户的记账补贴后的收入。收入水平对体育旅游市场的发展具有重要影响。

2. 居民出游动机

体育旅游需求是体育旅游行为发生和存在的前提。出游动机是引发人们进行体育旅游活动的内在动力，人们的体育旅游动机是体育旅游市场需求产生的主观条件。在有了体育旅游的需要后，人们才会产生体育旅游的行为。

3. 人均体育消费水平

体育消费水平是指一定时间内按人口平均实际消费的各种体育物质和服务数量。当前我国在体育消费方面的支出与发达国家相比还有着不小的差距，出现这些问题的原因主要有以下两点：第一，我国的经济发展水平依然落后于欧美国家，广大居民收入较低，这就导致他们只能将生活中的大部分收入用于生活支出，没有多余的钱来参与体育活动；第二，我国大众的体育消费意识淡薄，很多人认为体育就是健身，在公共体育设施上进行免费的运动就可以了，不需要花费金钱进行体育消费，这也影响到人们体育消费水平的提高。

4. 国内旅游人数和国内旅游收入

根据国家旅游局公布的数据显示，随着社会经济的发展和人们生活水平的提高，居民的休闲需求日益增长，旅游已然成为人们生活中的重要组成部分。国内旅游人次逐年上升，国内旅游收入出现了大幅度的攀升。特别是国内旅游收入的增长速度已经远远超过了国内旅游人次的增长速度。国内旅游人数和国内旅游收入的增加侧面反映了我国旅游业高速发展的情况。国内旅游人数与国内旅游收入之间是正相关的关系，国内旅游人数越多，旅游收入也会越高，对经济拉动的作用也越大，相反，国内旅游人数越少，旅游收入也会越低，对经济的拉动作用也会越小。造成我国国内旅游市场火爆的因素是多方面的，其中最重要的因素是国内生产总值的快速增长带动了人均可支配收入的提高，这样居民才有钱出门旅游，进而拉动居民出游能力。另外，为了保障人们的休息和休假，我国落实了黄金周长假制，为人们的出行提供了时间和机会。

二、中国体育旅游产业竞争力提升路径

（一）充分发挥政府职能，提升政府调控力

体育旅游的快速发展离不开国家和地方政府的政策扶持，在发展体育旅游产业的过程中，政府应充分发挥其职能作用，具体有以下两点：

第一，政府要充分认识大力发展体育旅游的重要意义，加强体育旅游产业的规划布局，制定科学合理的产业政策，加快体育产业与旅游业互动融合，培育壮大体育旅游企业主体，鼓励相关企业在本地投资、开发建设体育旅游项目，根据市场化发展原则，鼓励旅游企业转型或增加与体育相关的旅游业务；培育大众体育旅游参与意识，提高群众运动技能水平，创新体育消费引导机制，深挖体育消费潜力，培育居民体育消费习惯，优化升级体育旅游市场环境，加大体育旅游消费领域市场监管力度，加强消费者权益保护；做好区域合作，串联经典体育旅游景区，合力打造体育旅游精品线路；引导开展国际性体育赛事活动，通过各类赛事活动拉动消费，完善体育旅游发展应急处理机制，推进体育产业结构调整，扩大有效和中高端供给，实施体育品牌战略，发挥财政资金导向和撬动作用，建立健全社会投资的优惠政策，打造一批具有国际竞争力的体育品牌企业。

第二，加大政府扶持力度，完善体育旅游产业的服务体系。进一步加大全民健身场地设施供给，提升科学健身指导服务水平，推进全民健身融合发展，营造

全民健身社会氛围；规范市场秩序，打击危害健康的非法经营行为，加大体育旅游的国际宣传推广力度，不断创新体育旅游产品宣传形式，推进体育旅游服务标准化和专业化，引导社会各界支持体育旅游产业的发展，激发体育社会组织活力，实现体育产业持续健康发展。

（二）提高体育旅游产品营销水平，增强企业竞争力

1. 拓展体育旅游营销渠道，创新营销和宣传方式

理性经济学中有这样一个观点：消费者从生成购买动机到最终做出购买行为，往往需要充足的理由以确保购买心理的平衡。这个观点同样适用于体育旅游产业，体育旅游企业要对消费者的现实和潜在需求进行理性思考，寻求能引发消费者兴趣的购买理由，以促成购买。近年来，由于国内旅游市场趋于饱和，很多体育旅游企业为了扩大客源采取了降低价格这一最原始的营销手段。诚然，低廉的价格是企业快速占领市场的最快途径之一。旅游企业以超低的价格确实可以在短时间内吸引消费者的兴趣，但是，旅游企业作为自负盈亏的独立法人，最大限度地追求经济效益是其从事经济活动的根本目的，过低的价格背后提供的往往是劣质的产品和服务，本着占便宜心理的旅游者在尝到低质的体验，必然会对旅游企业产生负面评价，导致旅游企业市场运作走向失败。

有效的运营模式和营销手段能够为体育旅游企业带来可观的经济效益。旅游消费需求日趋高级化，体育旅游的营销手段也应迎合消费者的需求而采用多样化的方式。运营人员需要根据市场需求，搭建一套完整的运营体系。运营管理的核心是消费者的体验感，要以消费者为导向，不断增强消费者的体验和感受，提高消费者的认可度，不断丰富内容资源，根据旅游者的不同需求设计体育旅游产品，如针对公司的团队建设的需求，开发"团队协作训练"产品，针对都市居民回归自然的休闲旅游的需求，开发"休闲度假健身"产品等。旅游企业在设计系列旅游产品时要考虑旅游者不同的年龄、性别、职业、性格等因素，形成自己的主题特色。体育旅游的发展必然产生并丰富体育文化，为此旅游企业在设计旅游产品时要从体育文化的高度出发，深挖传统文化中的精华，并将其设计成各种专项旅游产品或旅游套餐，吸引海内外旅游者。

再优质的产品和服务如果没有有效的宣传推广手段，也不能引起消费者的兴趣和注意，更不用说购买了。因此，旅游企业除了要有好的产品和服务外，还应

探索有效的宣传推广方法。旅游企业可与客源有保障的中大型旅行社开展合作，通过旅行社的活动在市场上打响品牌。旅游企业还可借助报纸、电视等各种媒介来宣传相关的旅游产品信息。

新媒体环境的成熟为旅游企业的宣传推广提供了更加广阔的信息传播空间，产品和销售渠道也由线下转为线上，形成网络化渠道。旅游企业要结合企业的市场目标，准确定位体育旅游品牌形象，以官方网站为出发点，详细地介绍企业形象、服务内容，通过网络途径对外发布旅游内容，做营销推广，拓展线上渠道，建立自己的私域流量，尝试搭建小程序商城，维护好新粉和老粉，增加游客黏性，借助人工智能大数据，实现精准投放。

在新媒体环境下，旅游企业也不能完全放弃传统渠道，这是因为传统媒体在品牌影响力、内容生产权威性等方面拥有新媒体渠道所无法比拟的优势，这就要求旅游企业整合宣传策略，将线上线下媒体有机结合起来，旅游企业影响力扩增提供保障支持。

2. 完善体育旅游产品结构，进一步丰富产品类型

当前我国体育旅游业仍处于初级发展阶段，尚存在着体育旅游产品结构单一、生命周期较短、内容陈旧等问题，基于此，可以采取如下对策：

在档次结构上，加强体育旅游产品的多元化开发。受经济状况、兴趣爱好等多种因素的制约，体育旅游者的消费需求也呈多层次、多样化现象。消费分层的时代，消费者在旅行过程中的体验感是衡量旅游企业是否满足消费者需求的重要标准。有关专家学者在对体育旅游的目标用户的需求研究后发现，他们的旅游需求呈金字塔型，最顶层的需求者是热爱体育运动且水平较高的专业运动者，这部分用户的户核心需求为优质的体育资源，最希望旅游企业提供热门比赛的门票和核心赛事的参赛名额。这部分用户在整个目标用户中的比例并不高，但由于他们对于体育资源的品质要求较高，黏性非常大，消费产品的频次也较高。中间一部分需求者为大众运动者，这一部分用户是参与体育旅游项目最具潜力的群体，他们中的大部分用户已经在某个运动项目中体验了一段时间，希望参加更加专业的项目。下层需求者为启蒙运动者，他们中的很多人之前从未接触过运动，想尝试运动，但是又不知道哪项运动适合自己，需要专业运动组织的帮助，未来这部分用户将成为市场快速增长点。针对不同需求的用户，借鉴国际经验，提供不同档

次和价位的体育旅游产品,如为运动启蒙者提供骑行、山地徒步等运动休闲产品,为高端用户提供冰雪运动、航空运动、航海体育等中高端体育旅游产品,最大限度发展产品组合战略竞争优势。

在地域结构上,塑造特色体育旅游产品。我国幅员辽阔,体育资源异常丰富,在体育旅游产品的开发中应因地制宜、凸显特色,结合地方自然与文化特色,避免体育旅游产品同质化现象。各区域在开发体育旅游产品时学习国际先进体育旅游理念和方法,积极探索体育旅游新业态,认真分析分析该地区在体育旅游发展中的强项及短板,坚持专业化、市场化,推广户外运动,打造专业化水平高的体育赛事,如山地户外运动资源丰富的地区可组织国际自行车节比赛、国际汽车赛,海洋资源丰富的地区可组织皮划艇比赛等,沙滩地区组织越野、球类等项目,注重对休闲旅游资源的开发利用,在区域内塑造地方特色鲜明的体育旅游产品。

(三)开拓国内外体育旅游市场,扩大市场需求力

1. 着力发展国内体育旅游市场

首先,提高大众参与体育的兴趣,培育体育旅游的群众基础。随着改革开放的不断深入,居民收入水平不断提高,人们渴望生活质量的提高,越来越多人开始注意健康,在社会上推行全民健身计划,发展群众体育是有效培育群众健身意识的有效途径。体育旅游的发展离不开体育旅游消费市场的培育,而庞大的本土消费群体正是发展我国体育旅游的根本。有关研究表明,体育旅游对拉动内需、促进消费有着重要意义。为此要加快加快体育旅游基础设施建设,加大体育旅游投入,加大旅游招商引资力度,在促进全民健身运动广泛开展的基础上,积极倡导家庭和个人投资健身,引导群众进行体育消费,开发多样性旅游产品,满足各类游客的差异化需求,改革旅游市场的供需结构,降低体育旅游的市场准入门槛,将更将多元素融入体育旅游,完善体育赛事的组织管理模式,不断提升体育旅游在旅游产业中的比重,实现全民健身和全民健康深度融合。

其次,针对多样化体育旅游需求,细分体育旅游市场。体育旅游需求具有多样性的特征。消费者对于旅游产品的选择受多种因素的影响,如经济基础、社会地位、教育程度、身体素质等。为此,体育旅游运营商在开拓目标市场时应以旅游消费者为中心,综合考虑旅游消费者购买体育旅游产品行为的动机,细分体育旅游市场。不同的体育旅游消费者在参与体育旅游时有着不同的需求,如有的体

育旅游消费者身体素质较弱，希望通过参与体育旅游增强体质；有的旅游消费者身体素质较好，性格开朗，渴望寻求刺激。对于不同的目标客户群体，运营商需要指定不同的营销方案，采取差异化的营销策略。对于前一种客户，可以向他们推销登山、骑行、徒步等为代表的健身类体育旅游项目；对于后一种客户，可以推荐跳伞、滑雪等比较刺激的体育旅游项目，这样才可以实现最佳的促销效果。对旅游市场细分一般按照地理区域、人口年龄、人口性别等标准，体育旅游市场细分时要根据不同的情况采取不同的划分标准，如东北可以开展雪上运动，新疆可以开展沙漠探险运动。作为旅游产业和体育产业交叉渗透产生的新领域，体育旅游的市场向纵深方向发展，出现了徒步旅游市场、攀登旅游市场、市场体验体育旅游市场和周末休闲娱乐市场等。无论何种营销模式，体育旅游企业应都应该立足优质服务，为体育旅游消费者提供个性化服务。

最后，加大宣传力度，拓展客源市场。各级政府要充分意识到体育旅游产业在促进区域经济增长、调整产业结构中的重要作用，将体育旅游产业纳入政府规划，积极争取促销经费，加强体育旅游从业人员培训，鼓励各地组建体育旅游专家库，保障居民的带薪休假制度，扩大宣传促销力度；同时，要对当地群众的体育旅游需求以及当地特色的体育旅游资源进行认真的市场调查，针对不同市场需求，借鉴国际经验，开发具有消费引领特征的中高端体育旅游产品，有重点、有步骤地做好宣传促销活动，推出特色鲜明的主题宣传口号；在宣传渠道上，充分发挥广播、电视、新闻媒体的宣传作用，挖掘体育旅游的亮点与特色，加强宣传内容策划，拓展宣传推广渠道，创新宣传推广模式，向公众详细介绍他们感兴趣的体育项目，提高人们对体育旅游的认知度，刺激其参与体育旅游的欲望。

2. 适度开发国际体育旅游市场

首先，持续加大对外促销力度，积极参与国际体育旅游宣传推广。由于宏观环境因素，全球经济恐继续萎靡。以美国为例，截至目前，美国有500多家企业申请破产，损失高达数十亿美元，特别是以消费者为中心的旅游行业遭受的损害尤为严重，面对国际旅游消费需求持续走低的现状，体育旅游企业要继续加大对外宣传促销力度，借助旅游业众多的分支机构，进一步扩大境外体育旅游市场推广力度。香港康体局和旅游协会在扩大境外体育旅游市场上给我们提供了成功的经验：对于喜爱打高尔夫球运动的日本人，他们通过驻外旅游办事处推销香港有名的高尔夫球场；对于喜爱赛马的东南亚国家，他们定期组织有关香港马场的宣传推广活动；对于喜好网球、板球和羽毛球的欧美国家及澳大利亚通过集中投放广告的方式介绍香港景色优美的球场。通过联合促销，香港的体育旅游市场得到进一步开拓，世界各地游客慕名来参加体育旅游活动，体育产业和旅游产业实现了共赢。随着信息技术的发展，计算机和网络改变着人们的生活的方方面面，相比传统宣传方式，网络宣传具有传播速度快、辐射面广的优势，为此在进行体育旅游宣传时可充分发挥网络性价比强的特点，开放体育旅游微博，创新体育旅游宣传营销方式，针对不同的客源市场采取不同的宣传方式，进一步加大宣传力度。

其次，实行"引进来""走出去"的发展战略。国外体育旅游产业历经了百年的历程，体育旅游消费市场已然成熟，旅游产品体系不断丰富。体育旅游产业在我国仅有40年的历史，尽管我国的体育旅游产业已经形成了一定的市场规模，取得了一定的经济效益和社会效益，但是同欧美等发达国家相比，仍然存在着市场发展不成熟，旅游产品结构单一，基础设施建设滞后等问题，因此旅游部门和体育部门加强合作，创新工作方式，加强同国际知名体育旅游运营企业和体育旅游景区的合作，利用它们的技术优势、品牌优势，吸取其成功经验来开发和拓展我国的体育旅游市场，从而将国外比较成熟且风格独特的体育旅游项目引入国内旅游市场，提升我国体育旅游的国际化水平。在"引进来"的同时，我国也要推动有实力的国内体育旅游企业瞄准国际市场，制定"走出去"的战略规划，拓展海外业务。

需要注意的是，在开辟国内外体育旅游市场的过程中要注重对中国体育文化内涵的挖掘工作。我国是一个幅员辽阔、历史悠久的国家，拥有宝贵的运动休闲旅游资源和深厚的文化底蕴。在开拓体育旅游市场要将中国的"文化元素"植入体育旅游的各个环节，充分依托各民族创造的绚丽多彩的民族文化，从"文化"的角度出发，开发深度体验的旅游产品，拓展旅游消费空间，增加对游客的吸引力，使民族文化与体育旅游有机融合在一起，进一步弘扬民族文化，塑造中华民族形象。

总之，中国体育旅游的发展要立足本国国情，走国际化发展路径，充分利用国际和国内的资源，放眼国际市场，优化体育旅游供给体系，加强体育旅游产业发展理论和实践研究，充分调动社会各方面的积极性，加快主题化、体系化的品牌产品开发，塑造文化体育旅游品牌，提高旅游产业的竞争力，增强整体素质。

（四）大力拓宽人才供应渠道，夯实要素供给力

随着经济的发展，人们对健康的关注度不断提高，体育运动成为很多人的生活"必修课"。体育旅游作为一种新型的健身休闲方式，越来越受到人们的欢迎。根据有关调查报告显示，当一个国家的人均国内生产总值到达 5000 美元时，标志着该国的经济由高速增长阶段转向高质量发展阶段，该国的旅游产业将会进入成熟的度假经济时期，该国居民对体育的需求度将大幅上升，体育旅游产业会出现"井喷式"的发展态势；当一个国家中的人均国民生产总值达到 8000 美元时，该国居民的健身消费意识日渐成熟，体育健身产业将成为国民经济的支柱产业。世界银行调查的数据显示，2011 年我国的人均国内生产总值就超过了 5000 美元，2017 年人均国内生产总值达到了 9482 美元。但是，体育旅游产业在国民经济中的地位并不明显，发达国家的体育旅游市场占整个旅游市场的份额高达 25%，而我国的体育旅游产业所占的旅游市场份额仅为 5%。我国的体育旅游产业还处于"前市场化"状态，有着广阔的发展前景。人才是第一资源，体育旅游产业的转型升级离不开体育旅游人才的支持。在拓宽人才培养渠道方面，可以从以下几个方面着手：

第一，高校应成为体育旅游人才的主要供应地。体育旅游市场份额的占比、产业的发展，与产业背后的高校人才培养有密不可分的关系，为此政府要鼓励全国的体育院校开设体育旅游专业或增开体育旅游课程。北京、上海等一线城市意识到了体育旅游发展的重要意义和巨大前景，纷纷开设体育旅游专业，如上海体育学院于 2019 年获批增设了体育旅游专业，成为我国第一所开设体育旅游专业的院校；2012 年，北京体育大学在休闲体育专业中增开了体育旅游概论课程。除此之外，很多高校在旅游院系中增加了体育旅游课程，从而为体育旅游的可持续发展提供了人力支持。面对体育旅游市场需求旺盛而体育旅游人才供给不足的现状，高校要积极推进体育旅游专业方向建设，加强校际间的合作交流，邀请海内外知名体育旅游专家学者到高校学校开展讲座和讲学，加强与各运动项目协会、知名体育赛事公司的联系，聘请知名体育旅游集团的企业家和高层管理人员担任实践导师，借鉴国外高校体育旅游专业的成功经验，有针对性地选择境外高校进行联合培养，创造了良好的国际交流环境，培养具备国际视野与战略思维，掌握体育学、旅游学及管理学等学科基础知识，具备从事体育旅游工作所需的综合素质和专业技能的复合型高级体育旅游人才。

第二，适时依托旅游教育培训中心开展体育旅游人才培训。近年来，随着中国经济高速增长，体育旅游作为新兴的产业有着巨大的市场前景，旅游教育培训中心日益受到人们的追捧。这是一种新型的校地合作模式，指的是旅游行政部门与学校联合开办的培训中心。例如，都江堰旅游景区管理局与四川农业大学商旅学院结成了产学研国际化战略合作关系、眉县文化和旅游局与西安外国语大学旅游部签订合作协议、黑河市旅游局与黑河学院联合设立旅游培训中心等。体育旅游是当前旅游业和体育业发展的重要项目，这种新型的校地合作模式，一方面可以充分发挥学校在师资、科研、培训等方面的优势，提高旅游从业人员的管理水平和服务能力；另一方面搭建了一个参与旅游实践、服务社会的平台，有助于体育旅游专业学生将理论知识应用到实践当中，让他们对于未来的工作环境和岗位职责有着清晰的认识，不断提升学生的职业发展能力。因而，这种合作模式逐渐成为旅游行业的"加油站"，为社会输送了更多优秀的体育旅游人才。高校的体育旅游专业可以借助这种成熟的合作模式，更好地了解毕业生就业市场的供需状况，根据企业的人才需求调整教学目标，深化教育教学改革，培养学生动手实践能力，激发学生创新创意潜力，开展多学科交叉融合人才培养模式，进一步提高人才质量。

第三，加深与体育（旅游）产业基地联系，共同培养体育旅游人才。我国体育部门发布了《体育产业"十二五"规划》，文件指出"十二五"期间，要在全国建立20个国家体育产业基地、30个国家体育产业示范基地。2021年，国家体育总局办公厅发布《关于开展2021年国家体育旅游示范基地申报工作的通知》，明确规定了体育旅游示范基地的内涵及申报条件。为了推动体育旅游业的快速发展，国内多个省市开始建立"体育旅游示范基地"，如山东省根据《山东省体育旅游示范基地评定标准》等政策文件，决定将济南卧虎山滑雪运动基地、青岛宝湖马术小镇等13家申报单位列为首批省级体育旅游示范基地。在这一背景下，高校可以依托基地的平台优势，选拔体育旅游专业的学生进行实训，培养具有卓越战略构思能力和团队领导能力的实用技能型和创业型人才；通过体育（旅游）

产业基地，企业与高校间的联系进一步加深，合作领域拓宽，合作层次加深，能够有效地资源共享，在互利共赢中实现更大更好的发展。

总之，体育旅游人才的获得不能仅仅依靠某一个供应渠道，还要探索全方位、宽渠道的人才获取方式，这样不仅可以避免单一供应链上的出现人才脱节的问题，还可以创新供应渠道，培训紧缺的体育旅游资源开发和经营人才，进而推动中国经济转型升级。

参考文献

[1] 邱如梅. 乡村振兴背景下乡村休闲旅游资源可持续发展评价研究——以信阳市为例[J]. 信阳师范学院学报（哲学社会科学版），2022，42（04）：43-48.

[2] 黄振. 我国休闲体育产业与旅游产业的融合发展[J]. 文体用品与科技，2022（11）：19-21.

[3] 朱肖肖，邱芬. 积极老龄化背景下城区老年人的深度休闲体育特质[J]. 体育教育学刊，2022，38（02）：71-78.

[4] 朱虹. 城乡一体化背景下休闲旅游的机遇与发展路径研究[J]. 农业经济，2021（12）：55-57.

[5] 张怀成，李东娟. 休闲体育融合旅游现象理论释义及其检验[J]. 中南民族大学学报（自然科学版），2021，40（05）：543-550.

[6] 信利娜. 我国休闲体育产业管理优化路径探究[J]. 决策探索（下），2021（09）：90-91.

[7] 陶胜国. 健康中国战略背景下康养休闲旅游的内涵及发展对策[J]. 当代旅游，2021，19（24）：71-73.

[8] 锋琳. 休闲体育与文旅融合的发展研究[J]. 经济研究导刊，2021（24）：121-123.

[9] 高乐. 我国休闲体育产业高质量发展评价及其影响因素研究[D]. 太原：山西财经大学，2021.

[10] 郑锋，尹碧昌，胡雅静. 新时代休闲体育的价值意蕴与实践理路[J]. 西安体育学院学报，2021，38（03）：322-326.

[11] 陈琳琳，雷尚君. 后疫情时代休闲旅游业发展新模式探索[J]. 价格理论与实践，2021（04）：149-152，171.

[12] 温宇蓉. 休闲体育产业化发展路径研究[J]. 辽宁经济职业技术学院. 辽宁

经济管理干部学院学报，2020（06）：11-13.

[13] 郑亚陆. 基于知识图谱视角对我国休闲体育研究现状的分析 [D]. 延安：延安大学，2020.

[14] 王莉敏. 基于城乡居民需要的乡村休闲旅游项目选择与开发研究 [J]. 农业经济，2020（03）：42-44.

[15] 陈祥伟. 绿色经济发展域下休闲体育产业与旅游业融合发展效应分析 [J]. 体育科技文献通报，2020，28（01）：49-50，69.

[16] 刘全，张勇，王志学. 现代休闲体育的特质、发展态势及策略研究 [J]. 北京体育大学学报，2017，40（11）：22-27.

[17] 赵乐发，李军岩. 当前我国休闲体育产业竞争力提升的障碍性因素分析 [J]. 沈阳体育学院学报，2017，36（04）：31-35.

[18] 李东鹏，梁徐静，邓翠莲. "互联网+"背景下休闲体育产业发展趋势、动力和创新路径研究 [J]. 广州体育学院学报，2017，37（04）：33-36.

[19] 杨岚凯，周阳. 国外发达国家休闲体育产业发展及启示 [J]. 理论与改革，2017（03）：138-145.

[20] 袁志方. 自然与人文景观在乡村休闲旅游规划中的开发与利用 [D]. 上海：华东师范大学，2017.

[21] 许世霖. 长春市休闲旅游农业发展研究 [D]. 长春：吉林大学，2016.

[22] 谭前可. 休闲体育产业融合问题的研究——南京市休闲体育产业与旅游产业耦合效应分析 [D]. 长沙：湖南师范大学，2016.

[23] 叶小瑜，李海. 中国休闲体育研究进展及热点评析 [J]. 上海体育学院学报，2016，40（06）：37-44.

[24] 喻坚. 新常态下中国休闲体育产业发展对策研究 [J]. 山东体育学院学报，2016，32（05）：31-38.

[25] 彭恩. 休闲体育产业的国内外对比分析 [J]. 山东体育学院学报，2015，31（02）：51-54.

[26] 王先亮，杨磊，任海涛. 我国休闲体育产业的特征及布局 [J]. 体育学刊，2015，22（02）：42-46.

[27] 陈永昶，郭净，徐虹. 休闲旅游——国内外研究现状、差异与内涵解析 [J].

地理与地理信息科学，2014，30（06）：94-98.

[28] 李荣日. 休闲体育特色旅游产业的支持体系研究 [J]. 北京体育大学学报，2012，35（08）：21-25.

[29] 李国强，王大鹏. 京津冀都市圈各城市休闲体育产业竞争力评价研究 [J]. 南京体育学院学报（社会科学版），2013，27（06）：60-65.

[30] 赵俊红，方敏. 城市居民休闲体育参与和休闲体育满意度与生活质量的关系 [J]. 体育与科学，2013，34（04）：112-115.